구원의 날갯짓

현 대 수 필 가 1 0 0 인 선 Ⅱ · 43

구원의 날갯짓

김길웅 수필선

수필과비평사 · 좋은수필사

■ 책머리에

수필은 누구나 부담 없이 읽고, 마음만 먹으면 직접 쓸 수도 있는 가장 친근한 문학이다. 다른 영역의 문학이 영상매체에 밀려 신음하고 있는 중에도 수필 인구만은 날로 증가하여 바야흐로 수필 전성시대를 구가하고 있는 이유도 거기에 있을 것이다.

시대적 추세에 힘입어 수많은 수필전문지, 수필동인지가 창간되고, 이에 비례하여 신진 수필가도 날로 늘어나다 보니 이제는 그 많은 작가, 그 많은 작품 중에서 문학성 높은 작품을 가려 읽는 일이 쉽지 않게 되었다. 이런 현상은 작가에게나 독자에게나 결코 바람직한 일이 아니다. 더 나아가서는 수필을 연구하는 후세들에게도 큰 부담이 될 것이다.

이런 문제를 해결하는 데는 출판인도 마땅히 한몫을 감당해야 한다는 평소의 소신에 따라, 본사가 기꺼이 그 역할을 맡기로 했다. 그 첫 번째 사업으로 시대를 대표할 만한 수필가 100인을 선정하고, 작가가 자선한 40편 내외의 작품을 수록한 문고본을 발간하여 이를 널리 보급함으로써 그 소임을 다하고자 한다.

본사는 사명감을 가지고 이 사업을 추진해 나가기로 했다. 작가 선정을 전담할 편집위원회를 구성하고 전권을 위임하여 일체의 사적인 정실이나 청탁을 배제함으로써 전문성과 공정성을 확보해 나갈 것이다.

따라서 이 기획물 속에는 작가의 문학정신뿐만 아니라, 본사의 문학사적 기여 의지와 편집위원 제위의 수필문학에 대한 애정과 문인으로서의 양심이 함께 담겨 있음을 자부한다. 다만, 작가를 선정하는 기준에는 많은 견해의 차이가 있을 수 있고, 선정 과정에서도 미처 챙기지 못한 부분이 있을 것이라는 사실만은 인정하지 않을 수 없다. 이 점에 대해서는 관계자 여러분의 양해 있으시기 바란다.

이 시리즈의 발간 순서는 작가, 또는 본사의 사정에 의한 것일 뿐 그 밖의 어떤 기준도 적용하지 않았음을 밝힌다.

본 기획물이 시대를 초월한 많은 수필 애호가들의 관심과 애성 속에 우리나라 수필문학 발전에 한 이정표가 되기를 바랄 뿐이다.

본사에서는 이상과 같은 취지로 『현대수필가 100인선』 전 100권을 완간하여 큰 반향을 불러일으킨 바 있다.

그러나 우리 수필문단의 규모나 수필문학의 수준에 비추어 선정 작가를 100인으로 한정하는 것은 형평성이나 효율성 면에서 크게 부족하다는 의견이 많았고, 본사 또한 이를 통감하던 터라 기꺼이 『현대수필가 100인선 Ⅱ』를 발간하기로 했다.

본사의 충정에 찬동하여 출판에 응해주신 저자 여러분께 진심으로 감사한다.

2014년 9월

수필과비평 · 좋은수필 발행인 서정환

현대수필가 100인선 간행 편집위원 박재식 최병호

정진권 강호형

오세윤

| 차례 |

1_ 길 위의 길

2_ 어머니의 집

3_ 자서전 안 쓰기

4_ 주름에도 기억이 있다

5_ 작은 공간

1부

한자 책

무심코 재활 용지를 건넸더니 나를 빤히 쳐다보며 아니란다. "새 종이라야 해요. 그건 안 된단 말이에요." "왜, 뭐할 건데? 그냥 쓰면 안 되는 거야? 아껴 써야지." "그런 게 아니라니깐요. 새 종이가 필요해요."

일곱 살 손자 지용이가 뭘 또 만들려는 모양이다. 한글이나 한자 받아쓰기를 할 때 늘 써 온 한쪽 면만 쓰는 그 종이는 안 된다는 걸 보니 예사롭지 않다. 그걸 또 꼬치꼬치 따져 물어볼 수는 없는 일. 순순히 새것으로 A4용지 석 장을 손에 쥐어 줬다. 잠깐 있으려니 풀과 스카치테이프와 가위를 또 달랜다. 손이 닿는 데 있는 것들이라 챙겨 주었다. 달라는 것만 준 것이 아니라 웃음도 함께 담아 보냈다. '네가 지금 무얼 하려는지 대충 짐작하거든. 딱지를 만들거나 미니제트카를 만들려는 게 아닌 걸 알고 있어요. 딱히 꼬집어 맞히지는 못하지만 아무튼 안 만하다니까.' 저에게로 개울물처럼 흘러가는 신뢰와 긍정의 내 눈길을 걔는 알아차릴까.

거기까지만 하고 나는 하던 내 일에 들어가 있었다. 시간이 꽤 지났다. 한참 낑낑거리더니, 지용이가 손에 뭘 들고 온다. "할아버지, 이것 보세요. 내가 만든 책이에요. 한자 책." "뭐라고 했니? 한자 책이라고?" 한자 책이라는 소리에 얼른 받아 들었다.

A4용지를 가위로 8절 한 걸, 풀과 스카치테이프로 붙여서 오동통하게 책을 만들었다. 표지를 보는 순간, 웃음이 터져 나왔다. "왜요? 할아버지, 왜 웃는 거예요? 잘 봐 봐요." "아니야. 책이 잘 안 됐다고 웃는 게 아니라니까. 너무 잘돼서 웃고 있어요. 할아버지 기분이 아주 좋아서 그러는 거야. 네가 아주 잘 만들어서…."

표지를 보았다. '한자 책'이라고 큼직하게 썼고, 그 아래 '김지용 지음'이라 적었다. '2010년 9월 9일 목요일'이라 썼다. 이건 발행일인 셈이다. 또박또박 잘 쓴 글씨다. 책 이름을 붙여놓은 것도 그렇지만 놀란 것은 '지음'이라고 저자(?)를 밝히고 있는 것이다. 녀석이 언제 이런 궁리를 했던 걸까. 하긴 내가 늘 책상머리에 붙어 앉아 글을 읽고 쓰고 하는 걸 봐 왔으니 영향이 없지 않았을 법하다. 하루 이틀이 아닌 자그마치 이태 동안이 아닌가.

한번은 내 시집을 열어 보더니 첫 쪽에서 끝까지 읽는 게 아닌가. 녀석이 시 내용을 어떻게 알겠는가. 몇 장 읽으면 싫증이 나서 덮어 버리고 말겠지 했다. 한데 아니었다. 놀다가 읽고 밥 먹고 나서 읽고 유치원 다녀와서 읽고. 시에 감동이라도 한 것처럼 끝까지 다 읽는다. 독파한 것이다.

그러면서 내 시집을 서울 갈 때 갖고 가겠다고 한다. "할아버지, 지용이에게 준다고 써 주세요. 지난번에 많이 썼잖아요. 그렇게 말이에요." '지난번에 많이 썼잖아요.'라 한 것은 내가 책을 내서 보내면서 친필 사인하는 것을 눈여겨보았던 대목이다. 그때, 책을 우송하기 위해 봉투에 넣는 작업을 하고 있는 내게 지용이가 가까이 다가앉더니 실실 웃으며 "할아버지, 봉투에 책 넣게 해주세요, 네?" 했었다. "허허, 그럴래? 할 수 있을까?" 답이 떨어지자마자 달려들어 봉투 작업을 보란 듯이 해젖히던 아이다. 수필집과 시집을 동시 출판하는 바람에 넣을 책이 두 권이다. 많이 해내지는 못했다. 하지만 일곱 살은 하고 싶은 일, 아무리 흥미 있는 일도 20분 이상 가지 않는 발달 특성이 있다. 한데 녀석은 한 시간도 더 그 일을 했다.

지용이가 만든 책의 내용을 훑어보았다. 어린이용 한자 책 '태극천자문'에 나온 굵게 쓴 글자들을 오려내어 붙여 놓았다. '擊 칠 격, 斬 벨 참' 하는 식이다. 앞뒤 표지 빼놓고 스물두 장을 꽉 메웠다. 어느 순간, 우리 할아버지가 책을 냈으니 나도 책을 만들 수 있다는 의식에 활활 불이 붙었던 걸까.

아이가 만든 그 '책'이란 것을 덮으면서 나는 지용이를 가슴 깊이 안아 주었다. "야, 우리 지용이가 책을 다 만들었네. '김지용 지음' 하면서 말이야. 일곱 살에 책을 냈으니 대단하구먼. 우리 지용이 최고!" 녀석을 향해 엄지를 꼿꼿이 세워 보였다.

지용이가 동생 지유와 함께 일산에 있는 제 집으로 돌아갔다. 그새 스무하루가 지났다. 나는 오늘, 녀석이 남기고 간 주체하기 힘든 빈자리를 서성거리다 '한사 책'을 떠올렸다.

지용이는 나를 무척 따랐다. 녀석도 내가 보고 싶은 모양이다. 어제도 전화가 왔었다. 제 엄마더러 바꿔 달라 한 것이다. "할아버지, 오늘 엄마 아빠랑 동물원 구경 갈 거예요." "야, 지용이 신나겠네. 제주도엔 동물원이 없어서 못 봤잖아. 구경 잘하고 와라. 그런데 한자 공부는?" "어제 21쪽까지 썼어요. 오늘도 쓸 거예요." 21쪽이라 함은 녀석이 집에 있을 때 이태 동안 한자 공부를 시키면서 내가 써 토를 달아 놓은 31쪽짜리 '한자 공부' 노트를 말함이다.

그 노트에 들어 있는 한자가 1,067자다. 무슨 뜻을 알아서 쓴 것이 아니다. 계속 쓰게 했던 것인데, 의외로 잘 따라한 아이다. 획순은 말할 것 없고 한자의 제자 원리도 꿰차 갔다. '삼수 변' 하면 '注, 油, 流, 海, 泳, 洲, 瀑' 하는 식인데 그게 논리적 사고로까지 진화하는 걸 녀석의 말과 판단에서 포착할 수 있었다. 그럴 즈음, 제 집으로 돌아갔다.

오늘 또 전화가 왔다. "할아버지, 생신 축하해요." "지용아, 고맙구나. 엄마 아빠 말 잘 듣고 동생과 사이좋게 지내야 한다.

알았지?" "그럼요, 잘할 게요. 할아버지." 고것 참 어른스럽다.

요즘 녀석이 가고 난 뒤 감정을 추스르지 못해 헤매는 참에 목소리를 들었으니 됐다. "할아버지 서울 가는 날 알고 있지? 11월 20일이니까 멀지 않았거든." 하고 전화를 끊었다. 길게 하면 조손간에 서로 힘들다.

옥상에 올라 수평선 너머 눈길을 보낸다. 섬에서 서울은 멀다. 바다가 있어 더욱 멀다. 일곱 살짜리 '한자 책 저자'가 잘 커 줬으면 좋겠다.

(2010)

내 언어

글 쓰는 분이 국어사전을 달달 외우고 있다는 얘기를 들은 적이 있다. 섭렵 수준이 아닌 모양이다. 한 번도 아니고 두세 번째 읽고 있다지 않은가. 예비 문인의 순연한 열정이 나를 감동시켰다. 그 말을 들려준 가까운 문우 편에 내 수필집과 시집 두 권을 보냈다. 반면식도 없는 이에게 책을 보낸 것은 전에 없는 일이다. 모국어를 사랑하는 사람에게 전할 수 있는 작은 경의라고 생각했다.

해묵은 얘기가 되고 있다. 나이도 지긋하다는데 등단 소식이 없다. 내공을 위해 정과 망치를 들고 쉴 새 없이 말의 모서리를 쪼고 두드리는 중이리라.

"강나루 건너서/ 밀밭 길을/ 구름에 달 가듯이/ 가는 나그네" 하면 목월을, "그립고 아쉬움에 가슴 조이던/ 먼 먼 젊음의 뒤

안길에서/ 인제는 돌아와 거울 앞에 선/ 내 누님같이 생긴 꽃이여" 하면 미당을, "얇은 사 하이얀 고깔은 고이 접어서 나빌레라" 하면 지훈을, "모란이 지고 말면 그뿐 내 한 해는 다 가고 말아/ 삼백 예순 날 하냥 섭섭해 우옵네다" 하면 영랑을 떠올린다. 그들은 한국어를 조탁해 놓고 자신의 목소리로 육화肉化하면서 한 시대를 풍미했던 준수한 문사들이다. 유명을 달리했지만 지금도 우리 안에 살아있다.

그만큼 그들은 우리말을 전횡하며 깊고 뚜렷한 발자국을 남겼다. 후학들에게 그 말 근처에 범접하지 못하게 망을 쳐 놓은 언어의 독재자들이란 생각이 들 지경이다. 한국어의 면허특허를 획득한 몇 안 되는 사람들, 그것도 특종 면허다. 국어 속에 전통적 관념을 만들어 놓은 그들의 언어 앞에 아직도 한국의 시인 작가들은 전율한다. 그들을 넘지 못하기 때문이다. 이유는 단 하나인 것 같다. 물질적 풍요다. 결핍 속에 정신이 맑다.

나는 지금, 1930년대 일련의 시인 군群 앞에 무릎 꿇고 머리를 조아린다. 무주공산으로 있는 국어 속에서 내 어휘 하나를 끄집어내 놓지 못하고 주저앉은 죄, 그러니까 석고대죄해 마땅하리라. 그렇다고 아부하거나 굴종하는 건 아니다. 다만 경외할 뿐이다.

케케묵은 그들의 시구를 2010년 12월에 암송하는데도 내 늙은 감성의 세포들이 기립 박수를 보내며 환호하니 알 수 없는 일이다. 아직도 그들이 내 정신의 영토 깊숙이 진을 치고 앉아 있다니. 강점이 아니라 하나 내가 지배당하고 있다는 사실 앞에 경악한다. 더욱 한심한 것은 실지 수복에 나서지 않은 채 뒷짐지고 있다는 사실이다. 그들이 펜을 놓고 떠난 뒤, 한 세기 가까이 연마해 온 우리의 언어임에도 내가 끼어들 곁을 내주지 않는 그들이다. 참 민망한 노릇이다. 망연자실할 뿐이다.

이래도 되는 것인지, 내게 자문하게 된다. 내가 너를 향한 질문이다. 오랜만에 모와 날이 선 강한 질문을 내게 던진다.

모방인가. 여태 해 온 내 문학은 모방인가. 모방의 끝에서 예술은 시작된다고 했지만, 모방은 창조가 아니다. 앵무새를 흉내 내는 것은 사람의 말이 아니다. 내 영혼의 숲을 헤치고 나와 내 프리즘을 통과한 미적 변용이 아니면 내 언어가 아니다. 내 시가 아니고 내 수필이 아니다.

하지만 타고난 재능이 없으니 모방하지 않을 수 없다. 모방을 끝낼 수 없다. 당분간 내 문학의 시작을 위한 모방은 진행돼야 하리라. 자존감 때문에 망설였지만 나는 이제 타협했다. 야합이 아니다. 모방에서 예술이 나왔듯 내 문학도 모방에서 나올 것이란 신념을 다시 확인한 것이다.

한데 내 언어가 잠들어 있다. 혼몽에서 깨어나지 못하고 있다. 의식이 혼돈의 언어를 흔들어 깨워야 한다. 작품은 작동하는 것이지 정지돼 있는 것이 아니다. 작가는 탈주선을 탄 언어의 항해자다. 파딱 뒤집혀 허옇게 배를 드러내 개개려는 폭풍의 바다를 건너야 한다. 바다를 건너면 언덕이다. 저기 보인다. 풀이 무성하고 기화요초가 만개한 언덕을 향해 노를 저어야 한다.

내가 쓰는 것은 인간이다. 사람을 만나 희망을 말하려는 것이다. 그리움을 만나기 위한 것이다. 언덕 너머 사람을, 희망을, 그리움을 만나기 위해 노 저어 가야 한다. 거기 접안을 기다리는 언덕이 있다.

내 언어를 만나야 한다. 천상에서 내려온 비유의 언어, 싱그러운 함축의 언어, 수더분해서 어여쁜 언어를 만나고 싶다. 내 시를, 내 수필을 그런 언어들로 포장하고 싶다.

내 언어가 없음을 아파한다. 수십만 한국어 사전 속에 내 어휘, 내 전용의 어휘가 없음이 슬프다. 가슴 아리다. 내 영혼이 스민 언어, 내 사상이 절어든 언어, 내 철학이 숨쉬는 언어가 없다. 내 비유의 언어, 내 함축의 언어가 없다.

내 언어를 만들어야겠다. 희로애락의 내 언어를 만들어야겠다. 내 언어로 내 시와 수필을 쓰고 싶다. 한 편이어도, 내 문학의 객석에 내 작품을 읽어 줄 단 한 사람이 있다면 쓰는 일을 이어갈 것이다. 단 한 사람, 그를 위해 쓸 것이다.

분재盆栽

푸른 수의 내던지고 녹색으로 성장盛裝했지만 갇혀 있습니다

넘지 못하는 견고한 검은 벽 안 영어의 몸입니다

그렇다고 질곡이라거나 정체라고는 생각지 않습니다

거세는 더더욱 아니고요

작고 만만한 변방이 아닌, 가장 현란한 핵심입니다

오금 못 추지만 내 영토에 엄연하게 앉아 확장의 야욕 일찍 버리고, 세상 유람하는 허접스러운 꿈같은 것 접은 지 오래입니다

긍정하는 것, 수용하는 것이 넓히는 자유가 진정한 것임을 터득한 지금입니다

쫄깃쫄깃 씹히는 다디단 제한적인 이 자유를 누가 재단했건 그야 무슨 상관이겠습니까

나이 먹어 온 시간만큼 꼬이고 뒤틀리긴 했지만 어디까지나 창

조적인 연마입니다

날이 갈수록 어루만져 주는 애무의 눈길에 매달려 나는 행복합니다

뻗고 치솟지 않는 내게도 하늘이 와 있고 밤엔 별이 쏟아지고 새벽에 내리던 이슬이 언제부터인가 무서리를 불러 영그는 꿈 한 자락 밟고 앉았습니다

이런 세상에 생을 누리고 있는 걸 축복이라 여겨 울울해 하거나 구시렁거리지 않기로 했습니다

많은 말을 갖되 말하지 않는, 이웃 지은 돌에게서 배운 침묵이야말로 무거운 내 존재의 무게입니다

말을 적게 하는 것이 아닌, 말하지 않을 것을 말하지 않는 미덕은 수식하지 않은 문장처럼 깔끔합니다

초조해 하거나 미적거리지 않고 오달져 꼿꼿합니다

몸은 겹겹 남루를 감았지만 손끝은 옴짝거리며 날의 실과 씨의 실을 자아 새로운 생명의 잉태에 늘 분주합니다

태어나는 순간순간, 손끝에 이는 떨림이 속살 깊숙이 줄 하나 새겨 넣고 반 뼘의 키를 키움으로써 당장의 이 왜소함도 어깨 떡 벌어져 거목 앞에 크고 딴딴합니다

세파에 얽히고설키면 야무지고 당차야 풀리는 게 갈등임을 알아 일찌감치 몸을 사렸지만 정신까지 구부정한 건 아닙니다

나만의 노래가 있어 새가 노상 오지 않아도 슬프지 않습니다

바람이 머물다 가는 날이면 그 옛날 인욕의 기억을 훌훌 털

고 일어나 아침 해를 향해 마음을 여미고 또 여밉니다

요즘 들어 노루 꼬리만큼 짧은 여름밤에도 잠을 물리고 마당에 나앉아 별을 헤어 봅니다

언제쯤 꿈 한번 뀌 보려는 소망인들 왜 없겠습니까.

눈 온 날 아침 소묘

1.

창을 열었다. 엊저녁 육감이 적중했다. 창밖이 아스라한 설경이다. 마당이며 울 너머 덤불숲이 하얀 눈을 이불처럼 목까지 덮어 쓰고 있다. 눈이 오랜만에 야음을 틈타 실지 회복에 총력을 기울였던 걸까. 세상천지가 은세계다. 보란 듯이 잃어버린 원시를 되찾아놓았다. 순일한 백색 일색, 정결한 설경이다. 자연이 창조해 놓은 순수미의 극치 앞에 말을 잃고 섰다. 적설과의 정겨운 해후다.

눈 덮인 위로 눈이 쉴 새 없이 내린다. 귀를 기울이지만 바람 소리에 묻혀 눈 내리는 소리는 들리지 않는다. 귀를 세워 상상의 소리를 들으라 한다. 눈을 향해 마음을 열면 눈 내리는 소리가 들리리라 한다. 그래서 너풀거리고 흩날리는 것이라 한다. 바람에 날려 마당에 내려앉으려던 눈이 허공에 흩어져 난분분하다. 잿빛으로 거뭇한 허공, 어둑해 눈 내리는 저편이 눈에 들어오지 않는다. 눈을 주지 말고 마음을 보내면 한 세계가 열려온다 한다.

새벽녘에 대문간에 신문을 가지러 갔다 온 발자국이 지워졌다. 깊은 자국을 금세 덮을 만큼 두께를 더했다. 앞 집 강아지 꼬리 흔들며 마당을 돌까. 영혼을 불러 이 황홀한 설경을 전하고 싶다. 언어의 결핍으로 심란한 고비를 겪고 있으니, 잠시 화가가 되면 안 될까. 눈 속의 풍광과 변화와 동정을 백지 위에 스케치해야겠다.

2.

치켜든 잎사귀의 선 따라 성기게 눈 덮인 소철의 모습이 어느 화가의 스케치북 속 연필 자국 같다. 짙은 심이 지나면서 선의 궤적이 눈을 밀어낸 흔적이다.

며칠 전 겨자씨만 했던 게 그새 물올랐다. 창 앞 매화나무 가지의 꽃눈, 열한 살 소녀의 젖 몽우리만 하게 봉곳 솟았다. 그 앙증맞은 것을 싸고 있는 아린의 보호본능 위로 겨울 하늘이 한 움큼 여린 햇살을 내린다. 눈 청하는 햇살이다.

울안 토종 감나무 줄기며 가지 결을 따라 눈이 도톰하게 흰 선을 그리고 있다. 속살을 눈에 대어 훈김 쐬는 모습이다. 곁불에 언 손 녹이는가. 감나무뿐이랴. 석류나무며 팽나무, 이팝나무와 자목련에 이르기까지 모두 눈 내리는 쪽으로 몸을 돌려 섰다.

향나무와 소나무와 동백나무의 푸름은 접어뒀던 여름을 떠올리는 회상의 통로다. 그때는 초록 일색으로 무덤덤하더니, 눈 오는 오늘은 초록이 희망으로 살갑다. 몸 시릴 일 없으리라. 듬성듬성 눈송이를 갈피에 접어 살을 비비는 품이 느긋하다.

돌 탁자가 하얗다. 내 사유의 낟알들이 눈 속에 앉아 눈을 빛낸다. 저 정갈한 알갱이들, 녹아내리기 전에 주섬주섬 원고지에 주워 담아야 할 것인데….

3.

몸집 큰 어미까치 한 마리 동백나무 가지 새를 꾸무럭대다 울 밖으로 날아간다. 푸드덕 그 바람에 우듬지에서 눈덩이가 미끄러져 내린다. 직박구리가 돌 위에 앉았다 눈발에 마당귀로 몰리더니 종적을 감춘다. 어제는 여남은 마리 떼 짓던 참새도 오늘 아침엔 외톨이가 돼 문간을 드나들다 포르르 허공 속으로 묻혀 버린다.

배고픈 새들이 궁기로 초조하다. 눈이 덮이면 먹이가 없다. 마당의 곡식 낟알이 눈에 묻히고 벌레들도 땅속으로 숨는다.

"아침에 우는 새는 배가 고파 울고요." 옛날 노래가 생각난다. 저것들이 일개미같이 먹이를 비축하지 않았으니 베짱이 신세가 된 게 아닌가.

그중에도 참새는 한겨울 눈에 쪼들린다. 어렸을 적 생각이 난다. 눈 온 날 마당에 노란 좁쌀을 뿌려 주면 분별없이 덤볐다 덫이나 올무에 걸려들었다. 배가 곯은데 경계심이 많으면 무슨 짝에 쓸 것인가.

배에서 쪼르륵 소리가 난다. 새들 허기가 아침을 안 먹은 내 뱃속의 허함 탓이었는지도 모르는 일이다. 아침을 먹고 나면 달라질까. 저것들과 눈 그리고 나 사이를 잇는 무슨 인연의 고리 있는가. 의식의 문을 열어 세세히 들여다봐야겠다.

4.

텃밭에 초록빛들이 고개만 내밀고 있다. 상추, 배추, 쪽파, 치커리가 눈 속에 몸을 거지반 묻었다. 모종을 늦게 심은 상추는 머리끝만 내놓았다. 눈이 추위를 막아 보호막이 돼 준다지만 보기에 안쓰럽다. 저러고 한겨울을 나 줄지 어떨지. 겨울에 풋풋한 푸성귀 맛을 보려 했는데 어긋나는 건 아닌지 모르겠다. 뭐든 때가 있는 법이다. 텃밭도 나무랄 일이 아니었다. 그것도 농사인데.

그나마 배추는 넉넉한 잎이 푸르죽죽하다. 서럽게 겨울을 나고 봄까지 뜯어 먹을 수 있다 하니 배추 하나는 건졌다 싶다. 쪽파도 제법 싱싱하다. 한 뼘 길이에 이르고 있어 보기에 흐뭇하다. 치커리는 워낙 왕성한 놈이라 추위에 주춤한 것이지만 여린 햇살을 거두며 금세 몸피를 불릴 것이다.

텃밭을 남쪽에 낸 것은 잘한 일이었다. 북쪽 울타리를 넘어 하늬바람이 몰리긴 해도 바투 집 벽이 있어 막아 낸다. 이웃해 있는 감나무와 단풍나무의 낙엽이 텃밭 여기저기 덮여 푸성귀들의 언 몸을 감싸 주는 걸 보며 미물에게도 저런 인연이 있음에 놀란다. 오도 가도 못한 것인 줄 알았는데, 넓은 감잎이 텃밭으로 진 데는 다 그만한 연유가 있었던 게다.

청자의 속살

물레를 돌려 도자기를 빚는다. 이건 초등학생 공작 수준이다. 다음부터 긴장의 연속이다. 점점 섬세해지면서 노작이 지난하다. 조각하고 상감을 넣는다. 800도에서 초벌구이를 하고 나서, 이틀을 식히고 3일간 유약을 바른 뒤 도자기 가마에 안착시킨다. 가마 둘, 하나의 길이가 8미터다.

이후, 불속으로 들어간다. 무려 스무 날 동안, 숨 돌릴 겨를 없이 불의 시간이 계속된다.

불은 도자기가 아닌 가마를 데우는 데서 비롯한다. 그런다고 곧바로 가마 안에 나무를 밀어 넣는 게 아니다. 불의 입구를 먼저 익혀야 한다. 단지 그래야 하는 게 아니다. 입구를 달구는 데는 이유가 있다. 불이 들어가는 입구가 잘 익어야 나무도 연소가 잘되고 또 잘 탄다.

만약, 불길이 안으로 들어가면 불꽃이 1000도 이상 되고, 이 불이 도자기에 닿으면 삽시에 녹아 버린다. 불길이 도자기에 닿지 않도록 하는 것, 불을 때는 기술이다. 도자기를 굽는 것은 그냥 불이 아니다. 불에서 나오는 복사열이다. 불만 땐다고 되는 게 아니다.

청자를 만들어 내는 것은 바람이다. 바람은 자연이고 원시다. 사람이 자연하고 동행하며 함께 숨 쉬어야 한다. 바람의 양에 따라 색이 달라지는 것은 묘리妙理다.

신비하다. 바람이 많이 들어가면 갈색이 되고, 조금 덜 가면 누런색, 그보다 덜 들면 녹색. 회색 청자는 불이 뒤로 가면서 온도가 떨어져 불완전연소로 되는 것이다. 똑같은 유약을 발라도 주어진 조건에 따라 색이 다르다. 색을 결정하는 게 바람이다. 원시의 바람이고 바람의 양이다. 수행자는 토굴 속에서 깨닫는다.

바람이 들어가는 불은 안 된다. 앞에 있는 건 거의 바람이 들어가고, 그래서 색이 다를 수밖에 없다. 한 나무에 달린 과일도 맛이 다 다르다. 여기서 품격이 달라진다. 뒤에 있는 게 바람이 들어가지 않아 색이 좋다. 그게 상품上品이 된다.

또 있다. 시간이다. 무조건 오래 땐다고 되는 게 아니다. 시간을 셈해야 한다. 핵심이다. 가마에 불 때는 데 엄청나게 많은 나무를 땐다. 그 시간이 길다. 스무 날을 넘는 시간에 5톤 트럭 여덟 대 분을 불태운다. 놀랍다.

일은 통나무를 자르는 것부터 시작된다. 몇 날 며칠 동안 못 자고 가마를 달구는 일까지 수차례의 실패를 거듭한다. 그러면서도 빚은 도자기를 쉬이 팔려 하겠는가. 상업주의에 정신 팔리면 초심을 잃어버린다. 도공의 염려는 그런 것, 자신을 넘어서는 일이다.

엄청나게 나무를 태워도 거의 재가 남지 않는다. 숯은커녕 재조차 없이 다 연소해야만 한다. 그러기 위해 필요한 게 있다. 불의 기술이다. 신묘神妙한 비색翡色이 그냥 색을 발라 나오는 게 아니다. 불의 기술이 최고의 경지에 올라야 한다. 그 기술은 가마에 재가 남아 있지 않은 것으로 인증된다.

자기는 흙과 유약과 불의 삼중주다. 셋이 잘 만나야 한다. 고열의 불길 속에서 태어난 푸른 속살, 청자! 흙은 모성, 유약은 배냇저고리, 불은 태어나기 위해, 새 생명을 얻기 위해 한 생을 버리는 의식이다. 마지막 의식인 불은 단지 뜨거운 게 아니다. 바람을 막아야 한다. 바람을 막으려면 정교해야 한다. 그게 힘듦에 가마마다 열의 역할이 다르다. 그렇게 초벌과 재벌이 나온다. 경험론이다.

50여 일, 가마에 불 지피고 초벌과 유약 바르기를 거쳐 익힌 도자기를 꺼내기까지. 마침내 청자 탄생의 순간, 도공의 눈이 빛난다. 다가가 고개 숙이고 등 구부린 무릎 꿇음. 그것은 오랜 시간, 불의 심판을 견뎌낸 도자기에 대한 경외심의 발로다. 아아, 비색, 그와의 첫 대면의 환희여!

무엇이 내 문학을 만드는가. 흙에서 소재를 파, 거기 감성의 유약을 발라, 욕망의 바람을 넣으며 나는 무슨 색을 빚어내는가. 갈색인가, 누런색인가, 녹색인가, 회색 청자인가. 내 문학 위로 바람의 양을 조절하며 청자를 빚으려 눈을 번득이긴 하는가. 가령, 수도승의 선시禪詩 하나쯤 입에 올려 보는가.

나는 몇 미터의 가마에 불을 지피고 있나. 불이 허투루 들어가지 않게 바람을 막고 제대로 그 양이나 조절하고 있는지 모른다.

핵심을 짚어야 한다. 무조건 가마 속으로 불을 때는 게 아니라는 것. 정교해야 한다는 것. 그리하여 가마마다 열의 역할이 다르다는 것의 터득. 경험이다. 불을 앎은 경험이다.

문학의 매체는 언어, 속도 거죽도, 옷을 입듯 그 시종始終이 언어다. 어휘를 많이, 내 것으로 갖되 그것의 유효 적절한 배치와 활용, 개성적인 내 문체의 빛깔 그리고 혼자 불속을 견뎌 익힌 철학. 청자는 그냥 되는 게 아니었구나. 또 불길이 도자기에 닿지 않게 바람을 막아야 한다. 문장의 정교함은 문학에의 헌신이다.

도공은 불을 때야 하고, 나는 그 불속에 언어를 구워야 한다. 문학은 불 같은 창작열이 불을 견뎌 낸 청자의 속살인 것을.

메모

메모는 내 글의 건축 자재이고, 수첩은 그것들을 쌓아 두는 곳간이다.

그중 일부가 내 감성과 만나 글의 소재가 된다. 소재들은 삼라만상으로 유·무정하고 크거나 작고 빛깔과 모습도 다양하다. 발품 들여 내 손으로 그러모은 순간순간의 기록들이라 그때의 두근거림이 숨결로 남아 있다. 그것들에서 내 글의 원형의 틀이 잡히고, 상상이 날갯짓함으로 우화한 것이 내 시고 수필이다.

길 건너 바닷가 낮은 풀숲에 간 적이 있다. 존재의 흔들림을 보기 위해 바람 부는 날을 택했는데, 뜻밖에 소금기 핀 바위와 키 작은 잡목과 들풀이 어우러진 으슥한 곳에 모도록 피어 있는 구절초와 조우했다. 해풍에 전 빛깔이 산기슭보다 더 하얬다. 화르르 화르르 꽃에서 해조음이 들리는데 모도록한 반경으로 잿빛 하늘이 내려앉는다. 구절초의 하늘은 무채색 파스텔 톤이었다. 가슴이 울렁거렸다. 그것이다. 내가 만나고 싶던 존재의 근원적인 허무. 그 빛깔은 구절초 같은 것의 낮은 삶이고 부대끼는 일상의 표정이었다.

한 생명이 실존으로 바람과 화해하자 손을 내밀고 있었다. 사진작가라면 그걸 바로 카메라에 담았을 것이지만, 나는 준비하고 간 수첩에다 메모했다. 순간마다 변하는 구절초의 삽시간을 속필로 낙서하듯 갈겨 쓴 것이다. 작품으로 이어졌다. '구절초에 내린 하늘'.

내 메모 속엔 앞마당의 거대한 감나무도 채집돼 있다. 움트고 초록으로 잎이 우거져 매미 까맣게 불러 모으던 한여름 그들 생의 절정이며, 소슬바람에 거지반 잎을 내려놓던 늦가을 산그늘 내린 하오 그리고 눈이 펑펑 내려 적설이 아름답던 겨울밤, 빈 가지가 허공에 쏟아 놓던 날 선 음역의 떨림이 탁본으로 눌려 있다. 내 메모는 영인본이거나 복사본이 아닌, 소장된 기억의 원본이다. 이것이 내 미감의 프리즘을 통과하면서 여러 빛깔을 빚고, 빛깔은 상상을 피워 올려 분산하고, 상상은 또 내 문학에 철학의 남루 한두 벌쯤 장만했다 내어준다. 천의무봉의 것이다.

눈 덮인 돌과 나무가 나누는 대화, 돌과 나무의 은밀한 대화록이 메모다. 거기엔 참새나 직박구리 같은 텃새들이 흰 눈 속에다 부리를 박고 있는 크로키 소묘도 들어 있다. 텃밭에 너울거리는 월동배추의 겨울나기라고 예외가 아니다. 봉곳이 겨자씨만 하게 돋아난 창 앞 매실나무의 앙증맞은 꽃눈들도 초롱초롱 눈을 빛내고 있다. 내가 그들에게 끌리는 것은 꺼질 줄 모르고 쉴 새 없이 이어 가는 탁월한 생명력이다.

몇 년 전, 서부 유럽을 여행하면서 메모 수첩 한 권을 채우고 돌아왔다. 쓰다 보니 갖고 간 볼펜 두 자루가 바닥나 로마의 한 호텔 객실에 있는 걸 얻어 쓰게 됐다. 투숙객의 비즈니스를 위해 비치한 것이니 크게 흠이 되진 않았을 것이다. 발길이 닿는 곳마다, 눈에 띄는 것마다 가이드에게 물었으니, 그녀의 눈에 내가 까다로운 메모광으로 비쳤을지 모른다.

종당에 여행에서 남은 것이 수첩 한 권이었다. 동영상도 찍게 된 카메라를 미숙한 기술이 오작동하는 바람에 여행지에서 찍은 사진들을 한 장도 건질 수 없게 돼 버렸다. 적지 않은 사진들이 버려졌다. 남는 게 사진이라는데, 그런 푼수로 하면 엉망이 돼 버린 여행이다. 사진이 떠나간 공허를 메모 수첩이 채워 주었다. 서른세 편의 글을 썼다. 내 생에 더할 수 없는, 메모가 거둬들인 전례 없는 소득이었다. 수필전문지에 유럽여행기를 연재하고 있는데, 편집자가 사진을 대느라 애를 먹을 것이다. 원고만 달랑 보냈으니, 기행문 '김길웅의 유럽 읽기'가 몇 년째 시종 주인공의 얼굴 없는 글로 외롭게 흐르는 중이다.

시간이 갈수록 내 문필에서 차지하는 메모의 비중이 커 간다. 또 그 값어치도 빛나면서, 자신에게 비싼 값을 호가하게끔 된다. 은연중이지만, 나이 듦이 티를 내는 건지 기억을 보완하면서 구실이 아주 현저하다. 기억력의 퇴화는 자연스러운 것이라 치더라도 단지 그것에 국한하는 건 아닐 듯하다. 기억보다 더 중요한 것이 있다. 기억 언저리, 그 반경 안에 들어왔던 그때의 사물과 사람과 사건과 정보의 빛깔과 표정은 기억을 넘는 것으로 보존을 위한 장치가 뒷바라지돼야 한다. 장치가 실없으면 온데간데없이 종적을 감춰 버리니 문제다. 그 출중한 장치가 메모이고 그걸 차곡차곡 재어 두는 저장 공간이 수첩이다.

떠올랐다 한순간에 사라지는 아름다운 상념들. 그걸 받아쓰지 못하고 놓치고서야 가슴 쓸어내린 때가 어디 한두 번이랴. 이를테면 애틋한 설야의 에스프리 그리고 그 아름다운 밤에 연유해 영혼을 흥건히 적시던, 그리하여 그것에 가장 잘 포개지던 은유의 긴장된 언어들. 눈 내리는 밤, 창가에 기대 아름다운 밤의 정서를 뜰채로 뜨듯 메모에 포획해 놓지 않으면 남는 건 아무것도 없다.

하룻밤쯤 전전반측하고 나서 불면 뒤의 푸석한 얼굴, 물간 눈으로 맞은 눈부신 아침, 눈 덮인 길 위의 첫 줄은 얼마나 시간의 선명한 자취인지. 그것도 해가 솟으면 일순에 스러지고 만다. 늘 그렇듯 아름다운 것은 오래 머물러 주지 않는다.

놓칠 수 없는 그 밤과 아침을 메모하는 것이다. 사유의 시간과 공간, 거기에 관여했던 여러 물상들의 꿈틀거림, 두근거림

그리고 그것들의 고독한 존재감을 놓치지 않으려 한다.

내 앞으로 낙조의 시각이 당도하고 있다. 옥상에 올라 떨어지는 해가 황금빛을 쏟아내며 바다로 내려서는 찰나, 마지막 호흡을 지켜보려 한다. 빛깔과 그것의 번짐과 농담濃淡이 왜 날마다 그리 다른지, 그것은 또 어떤 의미인지. 답이 있을 것만 같으니, 낙조에게 말을 걸어 봐야겠다. 메모 수첩을 들고 나선다.

내 문학이 여기餘技는 결코 아니다. 하지만 그 흐름이 도도하지도 않을 것이다. 다만, 내 정신의 낮은 기슭에서 발원해 조그만 물줄기가 지류를 이루며 강으로 흐르다, 운이 좋으면 바다로 이어가리라 기다릴 뿐.

하여간 메모는 내 문학의 시종始終이다.

길 위의 길

나는 줄곧 동구 밖 공원의 잔디마당을 찾아 걷는다. 마을이 눈에 들어오고 마상 안의 거리에 바다가 누워 있다. 일상에서 상상의 경계로 나를 밀어내는 곳. 마을 풍경에 안기면 마음 안온하고 바닷소리는 그대로 장엄한 섬의 숨결이다. 올레 18코스의 종점. 요즘 들어 배낭에 신발 들메한 올레 마니아들이 부쩍 눈에 띈다. 나는 여태 올레길을 걸어 보지 못한 사람이다. 그래선지 그들이 풍류객으로 보이지 않는다. 길 위의 사람을 외경하게 된다.

한겨울 눈발이 속살을 엔다. 섬을 까부르 듯 하늬는 모질게도 뼛속까지 시리게 오는 바람이다. 두툼한 옷에 모자 쓰고 장갑까지 껴 길을 나선다. 몸을 둘둘 말아 얼굴만 내놓은 모양새다. 까치 여남은 마리, 철 지난 가을 잎처럼 바람에 나닐더니 날개를 접으며 몇 번 재주넘다 허공을 구른다. 잔디에 내려 강동대다 습관적으로 빈 데를 쪼기 시작한다. 참 올차다. 저 노역이 언 몸을 데워 줄 것이라, 겨울 속으로 들어가 공허의 맨살을 쪼아대는지도 모른다.

까치들에게서 눈길을 거두다 앞을 응시한다. 희끄무레하게 경계 지은 듯 아닌 듯 웬 흔적이 이어지고 있다. 길게 흘린 자취들이 두세 뼘 폭 잔디 위로 얄브스름한 면을 만들었다. 잔디 위에 길이 난 것이다. 아직은 모호한, 그래도 아슴푸레 길로 놓였다. 걸어가는 동선 따라 점차 엄연한 선을 그으며 다가오는 길 위의 길, 내가 길을 만들고 있지 않은가.

이 길에 몇 년째인가. 길 위에서, 나도 모르는 새 남들이 다니는 길을 벗어나고 있었던 모양이다. 보편화한 기존의 길에서, 비껴 걷는 평이함에서, 작은 파격을 만나고 싶었던 것일까. 울타리 따라 담상담상 서 있는 소나무 새로 작은 길 하나를 만들어 갔으니.

뭔가 그러했다. 이 길에 서면 솔바람이 살랑거렸다. 득음이다. 활이 현을 퉁기는 소리는 자연의 소리 앞에 통속적일 수밖에 없다. 새들도 몇 마리 간드랑대는 솔가지에 앉아 눈 반짝이고 있어 마음 끌린다. 5월엔 송홧가루 날리고 심록으로 우거져 솔 꽃이 피고지고, 한여름엔 드리운 그늘이 넓고 깊다.

그새 여러 번 계절이 피고 졌다. 오늘 문득 이 길에서 또 다른 길을, 없던 길, 길 아닌 길을 만난 것이다. 고슴도치 가시

세우듯 오관이 게으른 살갗을 거슬러 부스스 일어서며 무뎠던 감각을 흔들어 깨운다. 깊은 잠에 빠졌던 무의식이 의식으로 깨어나는 순간이다.

내 앞에 길이 하나 놓여 있다. 산책길 위의 길, 전에 없던 길, 내가 낸 길이다. 길이 걸음 뒤에서 조촘조촘 나를 앞으로 밀어내고 있다. 언어다. 걸음이 만들어낸 길임을 밀어냄으로 말하는 언어. 언어의 길이 조금씩 선명해진다. 누렇게 부황 든 겨울 잔디 위에 허여멀건 빛으로 난 길. 누운 길 따라 내 눈길이 앞장선다. 앞서거니 뒤서거니 은연중 당겼다 풀었다 길은 이렇게 내 걸음의 누적으로 났던 것일까.

걸음 하나 길 속으로 녹아든다. 한 걸음, 두 걸음. 위로 포개지고 쌓이면서 걸음 하나하나가 자취를 남긴다. 발자국은 눈에 보이지 않게 문양을 새기며, 혹은 추상의 파스텔 톤으로 자리를 틀며 뚜렷한 궤적을 찍으려 여태 해 오던 대로 혼자서 길 내는 역사役事를 진행 중이다.

아, 내 인생이 이런 것이었구나. 열 살 시골 소년이, 낯선 도시의 스무 살 청년으로, 대처에 나가 서성이던 마흔 살 장년 그리고 크게 휜 인생의 한 굽이를 휘돌아 현역에서 떠나온 일흔 살로, 야산의 숲처럼 천이遷移해 왔구나. 길가에서 철없이 놀다, 어느 날엔 굴곡진 길 위에서 울음 삼키다, 허허실실 웃다, 나이의 무게로 점잔 빼며. 언젠가 임계점에 이르러 머릿속을 남루로 너덜댈 인생살이의 기억들로 꽉 채워 넣으려는 것인

가. 역원이 선로 보수하듯 이 길을 견고하게 다져 놓고 싶다. 큰물에 쓸리지 않게, 바람도 스쳐 지나게. 탄탄한 지반 위로 사철 내 사유의 강물이 흐르게. 흐르다 걸리면 에돌아 흐르게.

일간지를 읽다 법정 스님 얘기에 눈이 쏠린다. 문화면, 법정 스님 일주기 관련 기사 속 원택 스님이 내놓은 일화 한 토막이 내 앞에 아잇적 정겹던 신작로처럼 몇 굽이로 눕는다. 성철 스님의 저서 『본지풍광』과 『선문정로』를 법정 스님 도움으로 펴 낼 때, 원고를 눈이 빠지게 읽다가 가끔 나들이할 적에는 몇 걸음 걷고 메모하고 또 걷다 메모하는 모습을 보았다는 것. 그것을 '五步一記'라 했다. 다섯 걸음 걷고 메모하고 걷고 또 메모하고….

설한에 낯 시리고 손 좀 곱더라도 이 길 위에 설 때면 어연간히 나도 그래야겠다. 수중에 쏙 드는 책 한 권 펴들고 걷거나 혹은 생각에 골똘하다 수첩 꺼내 몇 자 적고 또 그러고. 여름이면 솔 그늘로 길이 그윽할 텐데. 자연의 그늘 속으로 들어가는, 그게 사람 사는 현묘한 이치인 것을.

그러노라면 철학에 진입할까. 내 문학이 언어의 영토를 확보해 놓고 솔바람에 깨어나, 눈 좀 떠갈지 모르겠다. 길이 빛나리라. 내가 낸 길이 반짝이리라. 걸으며 만든 길, 내 인생 여로가 낸 또 하나의 길, 이 찬연한 흔적 위로 내가 흐를 것이다.

길 위의 길을 걸으며 상념에 잠긴다. 문학을 하며 지니고 싶은 두 가지가 있다. '정밀과 세공'이다. 가늘고 촘촘한 것,

아주 자세한 것이 정밀이고, 곰상곰상 잔손질이 많이 가는 수공手工이 세공이다. 문장을 정밀히 세공하고 싶다. 수중에 넣으려 넘보는 것이 아니다. 그림이거나 조각이 아닌, 언어를 주무르는 것인데 그게 가능한 일도 아니다. 여태껏 파고 깎고 갈고, 녹이고 벼리고 줄이고 당기고 풀어 주며 시도해 온 일이다. 한두 해의 탁마나 탐색으로 되지 않을 것을 나는 잘 안다. 한생을 일관해 짐 지리라 다짐하는 의미이고, 간곡한 희원의 외침이면서, 그런 지향의 행보를 이어 간다는 결곡한 마음, 잠재의식의 활연豁然한 깨어남인 것을.

이 길 위에서 만나는 낯 간질이는 감미로운 미풍처럼, 언어가 뜨끈뜨끈하되 가늘고 촘촘해 정밀을 얻었으면, 일초의 어긋남이 없는 시계처럼 정밀했으면, 지폐의 빗살 문양처럼 정교해 세공에 닿았으면….

언어들-부사나 형용사가 운명적인 선택이었으면 좋겠다. 있으나마나 한 어휘, 문장 속의 허섭스레기를 말끔히 쓸어내 세련되고 안락한 기능성의 언어의 집을 짓고 싶다. 문법을 말하려는 게 아니다. 동사나 형용사를 한정하는 부사의 책무, 명사나 대명사의 머리에 얹는 형용사의 단출한 수식. 나는 언어 매개의 고도화를 꿈꾼다.

평이하되 속되지 않은, 난해하되 쉬이 해득되는, 아름답되 치졸하지 않은, 발라 찍되 분탕질이 아닌, 당겨 긴장을 놓지 않되 방임이나 이완이 아닌, 척척 이가 맞는 담박한 품격의 언어를 조갈 나게 나는 바란다. 이왕이면 생략과 암시가 우려내는 여운, 화선지 위의 묵훈墨暈처럼 번지는 그런 소리 없는 파장을 원한다. 이 겨울, 바람의 아우성과 냉기가 몰고 오는 길 위에서 어휘들을 주섬주섬 주워 모으며 정녕 내 정신과 영혼의 주재자가 되고 싶다.

수필의 길을 가는 사람들은 모국어의 지킴이를 자처하는 작가 군群이다. 우리말을, 목전에서 자행되고 있는 낯설고 음울하고 파괴적인 지경에서 해방시켜야 한다. 이미 고삐 풀린 시·소설과는 다르다. 체험적 사실에서 진실을 재단해야 하는 수필이야말로 나랏말에 대한 무한 책무를 지닌 장르다.

나는 문학의 길 위를, 국어사전을 끼고 나선다. 낯익은 말도 사전을 찾는 버릇이 있다. 내 손에서 너덜나는 사전이 사랑스럽다. 사전 귀퉁이에 번들거리는 수택手澤을 바라보며 미소 짓는 반거충이, 채우는데도 텅 빈 가슴속으로 오늘도 찬바람 한 솔기 들락거린다.

길 위의 길에서 화두 하나 꺼내 들고 싶다. 환골탈태는 가능한가. 뼈를 바꾸고 태胎를 뺏는 것은 쉽지 않은 일이다. 화두 삼고자 하나니, 내 글이 비록 전대前代의 모방이라 할지라도 모방의 끝에서 창조는 시작되는 것일진대, 언제쯤 대표작 하나 탄생하려나.

내 길엔 갖가지 나무들이 가지런하고, 낮게 앉은 들꽃들 향기 폴폴 날린다. 새들 주절대는 오솔길을 지나면 눈잎에 하늘을 가리며 다가서는 돌올한 산. 산은 이마에 구름을 띠고 허리엔 숲을 둘러 메숲지다. 산은 언제나 숭고하다. 침묵하는 산. 그 행간에서 산의 말을 들으려 나는 지금 걷는다.

절정을 행해 발을 내딛는다. 돌고 돌아, 굽이치는 길을 돌아 나와 몸이 청산에 들었는데 매양 나그네는 청산 밖에 있다. 숲에 묻혀 산이 보이지 않는 것일까. 절정을 바라던 눈을 거둬 발끝으로 내려놓는다. 낮음은 미학이다. 낮게, 아주 낮게 들풀처럼 낮게 걷기로 한다.

걸음 하나마다 이름을 붙여 본다. 그 이름에 음계 없는 곡을 올려 노래로 흥얼거린다. 몸에 신명을 불러들이기 위한 방편이 외려 걸음에 탄력을 넣어 준다. 공뜨던 걸음에 조금씩 가속이 붙기 시작한다. 그 옛날 아버지의 목물처럼 시원한 바람이 등을 밀어 준다. 걸어라, 저기 절정이 눈앞인데 걷다 중지하면 아니 감만 못하니라.

원불교 박청수 교무가 법정 스님이 기거하던 불일암 추억을 퍼 올린다. 여느 대청마루보다 깨끗했단다. 해우소에 적혀 있던 글귀. "볼일을 마치면 배설물을 낙엽으로 덮읍시다." , "저는 말 잘 듣는 학생마냥 고분고분 소리 없는 지시에 따랐어요." 밤낮 가리지 않은 수행에도 스님의 길은 암연했던가. 안색은 고뇌로 어둡고 무엇에 짓눌려 어깨가 처져 보였다. 평강과 무심의 표정이 아니었고, 헌 날개로 날려고도 하지 않았다.

나도 길 하나 냈다. 길 위의 길, 허공의 길, 인생의 아름다운 여로다. 사람의 뒤만 보고 걷는 도시의 길이 아닌, 바다를 연모해 산이 굽이쳐 내린 길, 원융으로 화엄에 이르는 길이다.

이름이 있는 것이거나 없는 것이거나 매한가지. 지상의 풍경은 오래 남아 있지 않는다. 세월이 길마저 지워 간다. 그러나 아직 내게는 길이 있어 음음한 하늘을 이고 수척한 겨울 산을 오른다.

길 위의 길, 문학의 숲으로 난 길, 부끄러운 나를 만나러 가는 길이다.

몽당비

추사 선생이 친구 권의돈에게 보낸 서한문에서, 평생 글씨를 쓰느라 벼루 열 개가 구멍 나고 일천 붓이 몽당붓이 됐다고 했다.

가능한 얘기일까. 가능 여부를 따지는 건 겪어 보지 못한 자의 푸념에 불과할 것이다. 사실 여부를 떠나서 한 서예가의 예술혼에 넋을 잃는다. 그러면서도 집착이 쉬이 떠나질 않는다. 평생 먹을 갈았다고 어떻게 그 딱딱한 벼루에 구멍이 날까. 하나도 아닌, 열씩이나. 붓은 어떻게 일천 자루씩이나 모지라질 수 있으며.

상상을 초월한 얘기다. 그렇다고 희세의 명필가가 거짓으로 한 말은 아닐 것 아닌가. 또 자신을 미화하거나 부풀린 과장도 아닐 것이다. 설령 우리가 선뜻 거짓이거나 미화이거나 과장이라 말한다면, 대가의 필생의 서체인 추사체를 범접하는 무례하고 불경한 말이 되고 만다.

몇 군데 문학 강의를 하면서 추사 선생의 벼루와 붓 얘기를 무슨 글쓰기의 전범처럼 말하기를 서슴지 않아 왔다. 내 편의대로 다작이 글쓰기의 관건이라는 비유다. 다들 놀라는 표정을 한다. 더러는 그게 무슨 소리냐, 도대체 가능한 일이냐는 시선을 보내오는 이도 있다. 기록을 가지고 하는 말인지라 내 목소리는 더욱 거리낌이 없다.

문제는 창작열에 불을 붙인 것이다. 예술은 창작열에 불을 댕기지 않고 이뤄지지 않는다. 창작은 성숙된 변신이 낳은 산물이다. 추사 선생은 추사체라는 명품을 붓으로 써 내었다. 벼루 열 개를 구멍 내고, 붓 일천 자루를 몽당붓이 되게 써 이룩한 예술적 성취다.

자신의 변신을 위해 깨어 있어야 한다. 그 변신이 없다면 죽은 것이나 다름없을진대.

나는 오늘 대문 앞을 두 번 비질했다. 대문 지붕에 올린 보리수 밤나무가 묵은 잎과 열매를 무시로 떨어뜨리면서 문간을 어지간히 어질러놓는 게 아니다. 더욱이 보리수 열매는 떨어지면서 바닥에 아이의 붓장난 같은 핏빛 자국을 남겨 볼썽사납다.

나무가 스무 해 동안 대문 위를 덮어 작은 숲을 이뤘으니, 잎이 수수만만을 넘을 것인데 열매까지 가세하는 것이다. 올해는 3월부터 잎갈이를 시작하더니, 새잎이 돋아났는데도 낙엽이 그치지 않는다. 새잎이 표면을 싸고 묵은 잎은 숲 안에 눌어붙어 있다 중심을 놓으면서 그때 족족 지는 모양이다. 그 열매란 것도 수를 셀 수 없는데, 바람만 살랑거려도 툭툭 낙과한다. 떨어지면 농익은 거라 문드러져 바닥이 핏자국으로 낭자하다. 떨어져 어질러진 그 잎과 열매를 그냥 내버려둘 수가 없다.

비단 올해 처음 겪는 일이 아니다. 마당의 낙엽수의 가을 뒤치다꺼리는 어디 만만한가. 그래도 스무 해 동안을 비질해 왔다 하나 그새 몽당비가 돼 내다버린 게 둘. 지금 내가 들고 있는 게 세 번째로 곧추세우면 내 코밑까지 오는 장비다.

하도 비질을 해대 초록색 나일론 비 날이 사선으로 닳아 빳빳해졌다. 바닥에 달라붙은 열매를 쓰느라 팔에 잔뜩 힘이 들어간다. 짧아진 비 끝이 잎과 열매를 쓸어내려니 뒷감당이 어려운 지경이 됐다. 시멘트 바닥을 슬슬 쓰는 게 아니라 박박 긁는다. 그 소리가 이만저만 거친 게 아니다. 쓸다 보니 비도 모질어져 자극적인 소리를 낼 수밖에 없을 것이다. 비질하는 소리가 한참 떨어져 있는 동산 집에까지 들린다고 한다.

그래도 아직 쓸 만하다. 비 날이 뼘 반은 남았는데 버리기는 아깝다. 가만 생각하니 참 모진 게 비라는 생각이 든다. 스무 해를 그렇게 쓰는데도 고작 세 번째니. 추사 선생은 어떻게 붓을 다뤘기에 그렇게나 많이 썼을까. 글씨가 어느 고비에 힘차게 내리고 굽이치고 하겠지만, 얇고 부드러운 종이 위를 비질하듯 박박 긁을 일은 없을 것 아닌가. 불가사의라는 생각을 떨쳐 내지 못한다. 희한한 일이다.

아, 그렇구나. 운니지차雲泥之差. 천상과 지상의 차이, 붓과 비의 차이, 곧 추사와 나의 차이다. 추사 선생은 이 절해고도에 유배돼 바닷소리에 맺힌 한을 달래며 미친 듯 붓을 휘둘렀으리라. 밤을 지새우며 팔이 팅팅 부어오르게, 쓰고 또 썼으리라. 하나 둘 셋…. 셀 수 없는 붓의 마모. 붓 하나를 내던질 때마다 한 획이 새겨지고, 다른 하나를 버릴 때 또 한 글자가 불쑥 일어나곤 했으리라.

박박, 시멘트 바닥 위를 비로 쓴다. 아무리 쓸어도 내 앞엔 한 획이 일어나지 않는다. 글자가 보이지 않는다. 누렇게 뜬 잎과 물러터진 열매만 구른다. 그래도 비질을 멈추지 않는다. 쓴다. 쓸고 또 쓴다.

물올랐다. 5월 한낮을 홰치는 장끼의 울음소리가 들린다. 등 뒤로 보리수 밤나무에서 다시 잎 몇 개 또 간댕간댕 지고 있다.

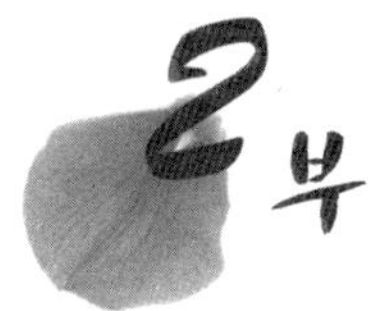

2부

뒷모습
3월을 부르는 눈 속의 시인
고구마
어머니의 집
반승반속半僧半俗
밤에 날다
검정에서 더는 없다
프리즘 너머 세상

뒷모습

대부분 그럴 것이다. 사람들은 자신의 회상 공간 속에 잊히지 않는 추억 몇 도막 안고 살아간다. 마모하는 많은 것들 속에서 시간의 강을 뛰어넘어 기억의 한 편린으로 반짝이는 사연들, 살짝 상상력에 불을 붙이면 서러운, 그러나 달착지근하게 감미로운 회상으로 이어지곤 하는 그것들. 회고 속의 추억이란 그래서 우연만한 것이 아니다.

오래된 일이다. 셋방을 전전하다 집 한 칸 마련해 들어갔을 적. 그 집이란 게 이젠 사람들의 기억에도 없을 옛 문화주택으로 슬레이트 지붕에 창고처럼 단순하고 빛깔 없고 무뚝뚝하게 생긴 건물이었다. 거기다 문짝 몇 개 달아 놓은 보잘것없는 것. 그것도 땅주인이 반분하는 선에서 터를 분할해 주는 바람에 반쪽짜리 집. 그래도 명색 집이다. 내 집을 갖게 된 기쁨은 말로 다할 수 없었다. 큰아들이 유치원 때던가. 이삿짐을 부려놓자, 어린 두 아들이 좋아서 들락거리던 게 어제의 일 같다.

시골에서 아버지가 올라오셨다. 그때, 내가 서른서너 살이었으니, 아버지는 회갑에 미치지 않은 연세였을 것이다. 못살던 때라, 아들이 시내에 집을 가졌다 하니 꿈만 같았으리라. 아들네 집이 오죽 보고 싶었을까.

제주시에서 서귀포를 돌아 오가던 섬의 동서 회선 버스가 하루 몇 차례밖에 없던 시절, 버스 타고 집에 오신 아버지. 며느리가 술상을 내왔다. 새 집에 들어와 시아버지를 처음 모시는 터라 소찬이지만 갖은 정성을 기울였을 것이다. 아버지는 호주豪酒로 소주를 워낙 좋아하시던 어른이다. 나는 당신 곁에 공손히 앉아 연신 잔을 채워드렸다. 거나한 기분에 한마디하신다.

"나는 우리 며느리 덕에 앞으로 집안 운이 활짝 펴리라 믿는다. 손 귀한 집에 들어와 아들 둘을 낳았지 않으냐. 그리고 지금도 그렇지. 비록 작은 집이지만 터가 있으니 앞으로 좋게 지으면 되는 것이다. 이 기쁨을 뭐라 말로 할 수가 없다. 며느리야, 다 네 덕이다. 참 고맙구나."

그 말씀 한마디에 아내가 몹시 들떠 하던 기억이 난다. 새색시처럼 발갛게 상기됐던 얼굴이 눈앞에 어른거린다. 며느리 사랑은 시아버지라 한다. 아내가 고비마다 회상 속에 그 얘기를 꺼내는 걸 보면, 그 날의 칭찬이 지금도 잊히지 않는 모양이다.

소주를 꽤 드셨던 것 같다. 해 질 녘, 이제 간다며 일어서시는

데 휘청하신다.

"집을 샀으니, 집안에 이보다 더한 경사가 어디 있겠느냐. 며느리야, 기분 좋은 김에 술 잘 마시고 간다. 아무쪼록 탁수, 승수 잘 키워야 한다."

유복자로 태어나신 분, 당신의 손자 사랑은 자별하셨다. 아이들을 안아 한바탕 들추더니 문간을 나서신다.

버스 정류소까지 아버지와 함께 걸었다. 부자가 나란히. 그러나 시내를 처음 걸으며 왠지 거북한 느낌이 들었다. 멀리 배 타러 나가 일 년이면 한두 달 집에 계실 뿐이었고, 커서는 내가 일찍 장가들어 분가해 따로 나왔으니 기회가 되지 않았던 탓도 있다. 끄느름한 하늘 빛 때문이었을까.

걸으면서 새삼 아버지의 옷매무새를 살핀다. 아들 집에 온다고 모처럼 양복 입고 오셨을 것이다. 언젠가 오일장에서 샀다던 적갈색 허름한 양복. 오랜만에 꺼내 입었으니 구겨지기도 했거니와 윗도리 어깨선이 축 처졌고 아랫바지가 너무 헐렁하다. 밥이 분이고 옷은 날개라 한 옛말이 번개처럼 머릿속을 스친다. 나는 넥타이를 매면서 이런 차림을 하시게 하다니. 숨이 꽉 막혀 왔다.

주차장에 이르렀다. 차표를 끊어 드리고 버스가 뜰 때를 기다리는데, 아버지는 이제 그만 가라 성화시다. 그러는 새 버스가 출발한다. 창가의 아버지를 향해 고개 숙여 절했다. 술이 좀 과했던지 얼굴이 불콰하시다. 아버지가 웃음 띠며 어서 가라 손시늉을 하신다. 순간, 버스가 몇 걸음 미끄러지고 나는 멍하게 선 채 아버지의 뒷모습에 눈을 주고 있었다.

왜 그랬을까. 갑자기 글썽거렸다. '저분은 내 아버지인데 용돈 한 닢 쥐어드리지 못하는구나. 술을 좋아하시는 분인데, 생각날 때 한잔하시라고….' 집 장만이다 뭐다 사정이야 그렇지만, 늘 그만그만할 텐데 언제는 여유로울까.

버스가 한길로 머리를 돌리더니 천천히 나아가기 시작한다. 빛바랜 중절모를 쓴 아버지, 차의 동요에 맡겨진 당신의 뒷모습이 몹시 흔들린다. 이내 버스가 속력을 내면서 아버지의 모습은 시야에서 지워지고 없다.

슬픈 뒷모습이었다. 몸에 맞지 않은 옷, 더욱이 혈기가 빠져나가 예전 같지 않은 노쇠함의 기운. 집으로 돌아오는 걸음이 무거웠다.

유명을 달리하신 지 삼십 년을 넘는다. 기일 명절 때 우리가 집에 가면, 캥거루 새끼 품듯 당신의 너른 가슴에 손자 둘을 담아 안고 동네방네 돌아다니며 자랑 자랑하시던 장면이 파노라마로 눈앞에 출렁거린다. 그 손자들이 이제 사십 줄의 나이를 먹었고, 제 길들을 열심히 걷는다. 구천에서 '내 손자들아!' 하고 부르며 덩실 더덩실 춤이라도 추고 계실까.

나는 지금, 칠순으로 추억 속의 아버지보다 훨씬 더 나이를 먹었다. 불현듯 머잖아 다가올 미래를 그려 보게 된다. 아들 집에 들렀다 나오면서 나는 어떤 뒷모습을 하게 될까. 아무리 깔끔히 한다 해도 이전 같지 않을 것 아닌가. 등도 구부정해지고 정신도 흐리고 말도 어눌할 것인데….

가끔 생전의 아버지가 생각나 가슴 철렁하곤 한다. 그때의 나처럼, 내 아들들에게 슬픈 뒷모습은 하지 말아야 할 것인데. 걱정이다. 혹여 속절없이 오래 살아 집에 있지 못하고 시설에라도 가 있게 된다면, 어찌할 것인가. 돌아서는 내 뒷모습을 아들들은 어떤 눈으로 바라볼까.

사람이 산다는 건, 어차피 세대교체의 그런 순환 속으로 아득히 들어가는 것. 아무려나 아들들을 슬프게 하지는 말아야 할 텐데, 여생의 과제다.

3월을 부르는 눈 속의 시인

꽁꽁 얼어붙은 섬에 연일 눈이 내립니다. 쏟아 붓는 눈이라 하늘과 땅의 구획이 지워지고 앞이 안 보일 지경입니다. 몽몽합니다. 바람 재운 하늘이 눈에 치중하는 낌새더니, 점차 폭설로 이행합니다. 시인은 하얀 설원의 낙엽수 아래 섰습니다. 남루마저 내던진 나무 위로 눈이 내립니다. 손을 얹어 눈시울 붉히며, 시인이 나무를 끌어안아 입김을 불어넣습니다. 간간이 눈을 털어내는 바람이 뜻밖에 온유한 존재로 빛나는 숲 속입니다. 허공으로 까마귀 한 마리 튀어 오르고, 우듬지의 눈이 겨울 밖으로 투신합니다. 참새는 허방으로 눈을 헤치고, 일찍부터 작은 새 한 마리 눈알을 굴리며 바라보고 있습니다. 한낮이 낸 시간의 틈새 속으로 노루 한 마리 겅중 뛰어듭니다. 이제 남은 건 정적뿐입니다. 움직이고 싶은 충동에 능 떼밀리면시

수북이 쌓인 눈 위로 첫 발자국을 찍는 시인. 야산의 나무들이 저마다 눈꽃을 피워 향기로 진동합니다. 사유의 난알들이 나뒹굽니다. 시인이 끌러 놓은 순백색 상념들입니다. 파삭한 세상에 따스한 시인의 눈길이 3월의 사랑으로 스미는 시간, 절정을 향하려는 시인 앞으로 한 발짝 앞서 산이 눈 속을 걸어 내리다 걸음을 멈춥니다. 시인은 마중 나온 겨울 산에 혹해 바다로 남실거리고, 숲은 눈 속으로 들어가 살가운 율동에 동참합니다. 먼 데서 신발 들메며 숨 가삐 올라온 마니아들이, 비옥한 벌판에 발을 놓아 사람 있는 풍경으로 자리 잡아갑니다. 가난한 사람들에게 눈은 풍요의 이밥입니다. 시인은 그들에게 꿈과 희망의 말을 몇 줄의 시로 들려줄 것입니다. 내리던 눈이 잠시 주춤합니다. 근원이 마르지 않았으니 눈은 그치지 않습니다. 다만 오랫동안 이 섬에 순명해 온 사람들에게 더는 쏟아져 내리지 않으리라는 예감이, 단순한 경험을 넘어 하늘과 땅의 경계를 밟고 와, 시인의 어깨 너머로 눈을 반짝이고 있습니다. 환희 속에 생명을 내놓던 봄, 성장으로 초록이 뼛속까지 스미던 여름, 한철을 빨갛게 소각하며 한 몸 기울던 가을에도, 시인은 팔을 걷어붙여 가며 실존에게 곁불이었습니다. 때로는 융기하고 더러는 침몰하면서도, 눈 속 시인은 시골집 구들장만한 온기를 지닌 3월의 따뜻한 가슴입니다. 시인의 눈은 눈 속에 형형하고, 머리는 눈 속에 투명하며, 가슴은 눈 속에 뜨겁습니다. 이렇게 눈 오는 날, 시인은 가슴 따뜻한 감성의 전도사입니다. 심이心耳를 세워 귀 기울였거니와 눈은 그예 밤을 새워 내리리라는 시인의 말입니다. 폭설 속 시인은 잠자지 않고 한데서 한 그루 나무로 온존할 것입니다. 눈 속을 걷던 사람들이 침묵에 귀 먹고, 입 단았습니다. 혹독해도 눈은 사나흘을 더하지 않습니다. 말하지 않을 뿐 그새 많은 말을 얻었습니다. 이제 침묵할 수 있겠습니다. 내일 혹은 모레쯤 시인은 눈을 털며 3월로 산을 내립니다. 시는 새를 불러들일 것이고, 꽃으로 피어나 희망의 향기를 흩을 것입니다. 시인은 세상의 온기입니다.

고구마

1.

텃밭에 씨 고구마 심어 두둑 북돋우고 오줌 퍼다 뿌려 주면
유월엔 한세상으로 우거졌다
그때, 두어 마장 걸어 내 눈대중에 가을운동회 날 달리기
오십 미터 길이쯤 돼 보이던 사래 긴 밭을 쟁기가 갈아엎으면
이랑 내어 흙에 두엄 고루 섞어 밑거름 한 뒤
어머니와 누님이 도막 낸 줄기 등짐으로 지고 날라 그걸
마른 밭에 담상담상 꽂아가며 흙을 씌웠다
때맞춰 비가 오신다
한여름 불볕 맞은 호박잎보다 더 늘어졌던 가녀린 것들이

장맛비에 시퍼렇게 살아났다

2.

문명을 능가하는 것이 있었다
가난 속에 흙이 키워 내는 놀라운 생명성
우기라서 한철을 비가 넉넉히 내리면 그 빗물 받아먹으며
줄기가 뻗었다
불과 달포, 척박한 땅이 푸른 신화를 키우면서
내리는 비에 줄기는 더욱 기세등등해진다
석 달 넉 달
어느새 고구마 밭은 남실대는 창창한 대천 바다
푸른 기운이 밭 너머 낭창낭창 넘쳤다

3.

배고파 속 쓰리다고 무두질하랴
암탉의 뱃속에 손 우비어 되다 만 알을 꺼낼 순 없다
산을 들어다 눈앞에 앉힌다 해도 쉬엄쉬엄 추석이라는 분수령은
넘어야 했다
추석 쇠고 보름쯤 뒤, 밭일 끝내고 돌아오는 어머니 흙 묻은

까만 얼굴이
허옇게 웃으면 어둠 속에 집 어귀가 다 환했다
고구마 팔 날이 다 됐나 보더라, 몇 개 파고 와 봤다 삶아서 먹자
불콰한 왜감 낯빛보다 붉게 달뜨던 소년의 가쁜 콧김
김 모락모락 나는 햇고구마를 입에 넣는데 곯은 배가 놀라 뒤척였다

4.

가을이다
고구마 파던 날은 어린 나도 밭에 갔다
어머니와 누님이 이랑 따라 호미로 파내면 나는 가마니에 담기 좋게
모도록 모도록 모았다
고구마는 천차만별, 팔뚝만 한 것에서 열 살 내 고추만 한 놈도 있었다
내 눈에 밭이 학교 운동장 만했는데 파낸 건 위아래로 실어 고작 한 마차
집에 부린 고구마는 텃밭에다 내 키 두 배로
깊이 구덩이를 파고 묻었다
고구마는 다섯 식구의 겨울 양식이었다
솥에 고구마를 넣어 눈 밝은 닭 주워 먹음직하게 좁쌀 섞어

밥 해 먹거나
고구마 삶고 두레상 받아 앉아 등에 붙은 배를 달랬다
나는 좁쌀을 섞는 거북한 혼합보다 고구마의 그 순수가 좋았다
왜솥에서 삶은 고구마를 꺼낼 때 얼굴 확 끼얹던 훈김
훈김이 흩던 고구마 냄새에 휘청하던 소년
그날의 고구마 맛은 꿀맛이었다

5.

겨울이다
나 어릴 적, 겨울은 연년이 고난이었다
며칠째 펑펑 눈이 내려 정강이를 묻던 긴긴 겨울밤
어둔 밤을 눈은 또 민들레 갓털처럼 흩날리는데 아버지가
눈 속을 헤치고 텃밭에 가
당신의 팔을 어깻죽지까지 구덩이 속으로 들이밀어 고구마를 꺼내 오셨다
외풍에 펄럭이는 등잔의 파란 불빛 아래, 날 빛 흰 낯으로 차가운 것 몇 놈 껍질을 쓱싹쓱싹 벗겨 가며 식구들에게 나눴다
허기진 배에 잠 안 와 침 삼키며 벽을 돌아눕던 겨울밤
그 야참의 맛, 과실보다 달았다.

어머니의 집

어머니에게 건축술이 있었을 리 없다.

아니었다. 어머니는 집을 지으셨다. 설계도 않고 연장 하나 없이 집을 지으셨다. 집 짓는 어머니의 손매는 억세고 야무졌다.

어머니에게선 톱질 소리가 났다. 대패질 소리, 못 박는 소리가 났다. 오색딱따구리로 늙은 나무에 부리를 박던 당신. 나이 들면서 우리도 잔못 하나씩 박게 됐다. 작아도 견고한 못이었다. 못질 소리는 일제히 작은 숲을 흔들었다. 허름하게 완성된 당신의 초가는 그러나 무지갯빛이었다. 바람소리였다. 어둠이었다. 새벽이었다.

껌 씹으며 딱딱거리는 불만 덩어리, 문명에 대한 저항의 슬픈 퍼포먼스.

어머니의 집은 얼마간 둥글었다. 식구들이 받아 앉던 원만한 곡선의 두레상 같은 집. 텅 빈 쌀 항아리를 한숨이 채워도, 말똥과

보리 까끄라기로 지핀 구들이 후끈거렸다. 눈 오는 날, 등보다 먼저 가슴을 데워 오던 시골집 아랫목.

주춧돌 고여 기둥 세우고 서까래 얹고 지붕에 띠를 덮으셨다. 집에선 사시장철 풀냄새 나무 냄새가 났다.

터수 없이도 넉넉하던 집엔 웃음이 죽치고 살았다. 한 이불에 발막아 길게 누운 식솔들의 평안. 그걸 바라보는 어머니의 눈빛은 맑았고 무언가를 향해 타올랐다. 힘이 느껴졌다. 될 거라 믿으면 조금씩 돼갔다. 암시였다. 운이었다. 최면이었다. 종교였다.

알 수 없는 조그만 성취가 하나둘 쌓여 길사로 집이 충만해 갔다. 가난도 슬프지 않고 없어도 부럽지 않았다. 하늘이 무겁게 내려앉아도 앞마당엔 노상 강물로 흐르는 빛.

여느 집하곤 달랐다. 평수 없는 집, 등기되지 않은 집이었다. 보일 듯 안 보이는, 집 아닌 듯 정녕 집이었다. 사람이 살고 바람이 살고 새가 살고 빛이 살던 집. 사람을 품는 능률적인 구조물, 기능성 사람의 집이었다.

어머니가 집을 지은 것은 용한 일이었다. 나는 그 집에서 나고 자라 어른이 됐고, 이젠 어언 노년으로 늙어 간다.

당신은 오로지 집 한 채를 올리기 위해 이 세상에 왔다 가신 분이다. 이제야 중얼거린다.

'우리 어머니는 훌륭한 건축가였다고, 아직도 나는 어머니의 집에 살고 있다고.'

반승반속半僧半俗

나무에 비취빛 직박구리 한 마리 몸을 얹는다. 해 질 녘, 파르르 떠는 실루엣. 실가지에 남사당패 어름사니 아슬아슬하게 봄날 한 고비 넘는다. 한순간의 풍경을 서사로 풀어낸다. 산문이다.

흔들리는 나무, 흔들림 위로 자근자근 무너져 내리는 금실 햇살의 고른 숨결 만져진다. 나무는 시종 3월의 출산에 몰입하는데, 나는 그 숨결로 진동하는 배냇냄새에 그예 울컥한다. 운문이다.

동박새 한 마리 마당귀 돌확에 고인 물을 부리로 물고 한 모금 들이켜다 하늘에 눈을 준다. 경계심 많은 녀석의 조신한 응시. 멀꿀나무 초록 이파리 틈새로 아스라이 튄 에메랄드빛 하늘가 한쪽 귀로 도보에 나선 구름, 구름 따라 자박자박 어딘가로 눈길이 흐른다. 산문이다.

동박새 울컥 물 한 모금 물더니, 가늘게 아주 가늘게 저릿저

릿 한 소절 울음 터트린다. 그 소리 조금씩 낮은 음계를 타고 변주하더니, 화인火印처럼 내 가슴에 느낌표 하나 찍어 놓고 잦아들매 숨 꽉 막혀 온다. 운문이다.

톱과 가위를 들이대 정원의 나무들 가지치기했다. 망나니의 춤사위에 푸른 피 낭자하다. 나뭇가지들이 울 밖으로 내던져지고 그 뒤, 나무는 가장 단순화했다. 사건의 단일구성, 산문적 결구다.

가지치기하고 얼마 지나 다시 연둣빛으로 돋아난 새순의 불그레한 눈시울을 낯설게 바라보며 순연히 여리디여린 아린의 포장에 그만 울컥한다. 엊그제 절단의 상처를 조상弔喪하던 자리에 아픔을 딛고 눈 뜨는 곰상스러운 생명의 자지러질 듯 밭은 숨소리. 굴곡진 호흡, 운문이다.

대처에서 귀환했다. 솔가로 섬을 탈출했던 개인사는 허구가 아닌 내 인생행로 겹겹이 굽잇길, 사렸던 것들 확 풀어 놓고 싶다. 소소한 사연들 쏟아 내면 인생이다. 그걸 화소로 담아내는 거다. 소설적이거나 그걸 능가할 이거야말로, 산문이다.

지하철 계단. 앞 사람의 뒤만 보며 걷다 다시 환승하다 또 뒷날도 그 뒷날도 그러다 이 섬으로 돌아온 날, 울었다. 기쁨인지 슬픔인지 도시 알 수 없는 감정의 꼬투리에 목메어 울었다. 시와 등가等價라 할 정서의 무제한 방출, 이거야말로 시를 능가할 운문이다.

내 시는 산문인가. 내 수필은 운문인가. 나는 시와 수필, 운문과 산문의 경계를 어정뜨다 접경을 넘는가. 꿈, 인연, 그리움이야 있지만 내 글은 암만 봐도 이도 저도 아닌, 그 둘 사이, 투망의 어부가 밤 새워 기다리는 여명의 하늘 아래 만선은 없었다. 그 하늘가에 스민 한 쪼가리의 서기瑞氣가 기지개 켜며 눈을 뜬다.

글을 쓴다 하나 내 문학에 성숙한 변신이 없는, 예술적 성취도 없는, 나는 여태 반거들충이. 반승반속半僧半俗.

밤에 날다

순해 터진 조랑말 타듯 밤의 날개 위로 슬쩍 올라탄다. 낡은 비상, 우화등선羽化登仙할 수 있으면 좋겠다.

그것은 잠시의 황홀일 뿐, 허공을 젓던 공허한 날갯짓의 무너져 내림, 헛발질에 이내 주저앉고 마는 어이없는 두 다리의 불안한 직립. 부질없는 내 사유는 어둠의 푸른빛에 닿지 못하고 서둘러 추락한다. 대책 없는 패퇴에 아연실색한다. 겹겹이 에워싼 어둠의 푸른빛에 닿으려면 얼마나 많은 색들을 쪼아대야 하는가. 분해돼 버린 빛을 털어내고 또다시 싱싱한 날빛을 뜰채로 떠올려야 할 것인데….

새는 밤에 날지 않는다. 쉬기 위해 선택하지 않아도 주어진 침묵의 공간이 밤이다. 간혹 어둠 속을 검은 한 점으로 투신하는 새가 있다면, 그것은 허방이고 도로다. 당돌한 변칙, 어처구니없는 착각일 뿐.

단지 휴지하려는 것이 아니다. 어둠의 무게에 짓눌려 숲에 내린 새는 빛을 놓아 버리고 잠에 탐닉하려는 것. 도무지 깨지 않는 잠, 충전의 시간, 밤에도 날고 싶지만 날지 않고 날개를 접으려는 것이다.

나는 꿈속을 날고 싶다. 오래 도태되지 않을 날개, 그 날 수 있는 시간을 늘리기 위해, 예기치 못할 날개의 수난과 실종을 막기 위한 안전장치, 날고 싶다. 푸른 밤의 날개에 얹혀 소멸한 빛의 회생을 기다리며 구만리장공을 날고 싶다.

둥지 속 자유의 온전한 만끽이란 앉은 채 나는 것. 흩어졌던 것들, 해체된 방임을 다시 끌어 모아 복귀하는 자유, 완성되는 자유는 아름답다.

나는 어렸을 적, 한밤중의 낢을 꿈꿨었다. 한 마장 안 종갓집 제삿날, 부슬비 내리던 칠흑 같은 축축한 밤에 무겁게 진 치고 있던 실체 없는 어둠이 무서워 사금파리로 불을 냈다. 4·3때 양민들의 집단 학살 터라는 모래동산 연두골을 지날 때 현란하게 번쩍이며 흐르던 선명한 빛줄기들의 난무. 그걸 도깨비불이라 했다. 죽은 자의 뼛속에서 나온 인이 불을 댕기는 것이라는 과학의 명징한 설명은 좀 더 커서 교실에서 학습했다. 인을 좋아해 무덤가에 할미꽃이 피는 것도 같은 이치라는 것도.

어린 내가 어떻게 그걸 알았을까. 부싯돌이 된 사금파리는 지상을 들어 올릴 수 있는 힘의 원리였다. 그때, 그 조그만 터득이 내게 날개를 달아 주었을 것이다. 길을 막아설지 모른다는 두억시니에 지레 겁먹어 오들오들 떨며 오금 못 펴던 어린 나는, 끔찍한 밤길을 푸른 날갯짓으로 넘었다. 달 없는 밤, 별 하나 돋지 않아 좌르르 적막이 쏟아져 내리던 한밤중. 설렁설렁 바람이 등을 밀어 주었을 뿐, 공포에 불덩이처럼 달아올라 몸에 열꽃이 돋았다. 잇따라 등줄기 타고 흘러내리던 냉한….

그러나 아침은 그예 밝아 왔고 전날보다 더 눈을 반짝이며 나는 아무렇지도 않았다. 착실히 어둠에 대응해 준 사금파리는 내게 용기를 싹 틔워 준 본능적 방어기제였을까. 그 뒤, 간간이 나는 밤에도 날았던 것 같다. 날면서 성숙했을 것 같다.

커서도 어둠을 경험했다. 서울이라는 대처였다. 눈을 무색하게 하는 어둠에 둘려 숨까지 꽉 막혔다. 교직에서 이탈해 대입학원 강사 하던 3년. 나는 숫기 없는 아마추어였다. 프로가 되는 것은 그곳 환경을 먹고 자란 사람에겐 몰라도 낯선 시골사람에겐 아니었다. 서울 3년, 내겐 밤의 연속이었다. 몸도 따라주지 않았다. 허약한 몸이 놓아 주지 않더니, 내가 무슨 문전옥답이라고 병이 안으로 잠식했다. 폐결핵. 전광판에 비친 내 한쪽 폐는 무색투명했다. 어둠 속으로 꺼져가는 가느다란 명줄이 허무했다. 바스락바스락 분주히 드나들며 반달손톱을 물들이던 누런색 저승사자 내왕의 아슴푸레하던 그 흔적. 가벼워진 내 작은 육신을 실은 배가 고향 포구에 닻을 내리려나 보다 했다.

그런 나를 마포구 합정동의 내과전문의 L이 건져 올렸다. 지금도 회상 속에 푸른 날개를 얹어 준 인술이 생각나 울컥한다. 잊히지 않는, 이제 내 나이쯤일 그 의사의 서늘한 웃음. 완쾌 뒤, 내 건강진단에 적힌 한 단어까지 섬뜩했다. '치료결핵'. 그러나 혼자 외딴길을 떠나기엔 40줄은 너무 젊었고 그 뒤, 밤에도 나는 날았던 것일까. 야반도주에 성공한 지금, 내 육신은 비교적 건강하다.

나이 들면서 밤을 잊는다. 활동하지 않는 시간 속을 우벼들며 오는 밤은 내게 외려 낯설다. 더욱이 쉬이 잠 오지 않는 밤이 아리다. 베갯맡에서 책을 읽어도, 애써 찾아 나서서 기뻤던 젊은 날의 기억의 회로에 서 보아도, 감동의 순간과 조우를 시도하는데도 딴죽 쳐 가며 멀리 달아나는 잠. 날개를 달지 못하거니와 날개를 단다 해도 푸른 어둠 속으로 날아 들어설 일이 없는 요즈음이다. 서서히 날개를 접는 아픔이 느껴질 때, 무척 그런 슬픔에 겨울 때, 하지만 통상의 고단함인데 이게 인생인가 하면 그저 무덤덤하다.

꽤 오래된 일이다. 한 제자와 색다른 인연이 닿았다. 워드프로세서는 필수과목이라고 역설하다 내 손을 키보드 위로 끌어다 앉힌 그. "무조건 치십시오." 그 친구, 퇴임 뒤의 내 글쓰기를 예견했을까. 손끝이 조금씩 튕기게 돼 가자 더욱 기세 좋게 나를 몰아붙였다. "신문지를 덮고 칠 수 있어야 합니다." 처음부터 경계한 것이 독수리타법. 물리적인 힘을 동원해 가며 그는 내게 밤을 강요했던 것인지 모른다.

밤은 아침에게 자리를 내줄 수밖에 없다. 아침은 매양 신선했다. 이젠 컴퓨터 앞에서 열 손가락으로 자유자재다. 그뿐인가. 그 뒤 십 몇 년 새, 책 몇 권을 상재했다. 모두 내 손끝이 해낸 노역의 산물이다.

그 친구, 나를 칠흑의 시공時空 속으로 밀어 넣었던 것 같다. 밤의 바다로 뛰어내리다 곧바로 착지의 유연한 몸짓으로 이어졌다. 어둠 속에 빛을 찾아 나서라 채근한 것. 푸르디푸르게 밤이 다가왔다. 푸른빛을 두른 밤과의 해후가 일상 속에 죽치고 들어앉았으니, 더할 나위 없이 나는 행복하다.

산행도, 낚시도, 여행도 이에 더한 기쁨이 아니다. 어린 시절 밤길에 사금파리로 냈던 그 구원의 빛을 다시 얻은 것이다. 나이 들어 해냈다. 밤에 날다.

검정에서 더는 없다

무지갯빛은 알락달락 현란하다. 빨주노초파남보가 무지개라는 미적 존재의 빛깔을 만들어낸다. 각기 차별이면서 전체다. 스펙트럼은 빛의 파장이 차례로 늘어놓는 빛깔의 띠, 그러니까 무지개는 색의 아름다운 조합이다.

한데 무지개의 일곱 빛깔을 한데 모으면 검정이 된다. 색상환에 나타나는 그 많은 색을 잔뜩 머금고 있는 포화상태의 빛깔이 검정이다. 그러니까 검정은 독단이고 통합이고 획일같지만 실은 다양성의 수용이다.

표리가 다른 것뿐, 검정같이 다양을 수긍하는 색은 없다. 수용의 극한이다. 그러면서 속에 품는 것이니 회잉懷孕이다. 검정에서 그 모든 색이 태어날 수 있다는 사실에 근거할 때, 검정은 따뜻하면서 한편 차가운 색이다.

상제 옷이 검정인 건 조의를 담아냄이다. 인간의 모든 감정 중 가장 치열한 것, 가장 망극한 것이 슬픔이다. 아버지가 돌아간 것을 천붕天崩이라 하지 않는가. 망인의 죽음을 슬퍼하는 상제는 의당 검정을 입어야 한다. 이때 검정은 최고의 엄숙성으로 현현顯現한다.

예전엔 아이들 옷이 대부분 검정이었다. 햇볕을 흡수해 따스웠다. 못살던 시절에 털 달린 옷 부럽지 않았다. 우리 선민들은 참 지혜로웠다.

이치로 따져 석탄이 검정인 것도 당연하다. 나무가 고열에 불타는 것, 더 탈 게 없는 지경에서 만들어지는 게 숯인 걸 보면 된다. 석탄은 아주 오래 된 숯일 뿐이다.

흑장미만 하더라도 더 고울 수 없어 검정이다. 빨강 노랑 분홍 흰색이 다 고혹적인 게 장미이지만 흑장미가 엄연히 존재하는 한 그에서 더할 장미는 없다. 검정이기 때문에 가장 곱다

까마귀를 나무라지 말아야 한다. "까마귀 싸우는 골에 백로야 가지 마라. 검은 까마귀 흰빛을 새오나니" 한 옛시조는 단순 비교라 해야 옳지 않을까. 백로가 희다 하나 전신이 희지 않다. 미완의 빛깔을 띠고 있다. 까마귀는 아니다. 몸 어느 구석 검지 않는 데라곤 없다. 날개, 깃털, 머리, 부리, 다리, 발톱이 다 검다. 눈까지 검정이다. 완벽하다. 세상에 존재하는 새들의 색을 다 모아 놓으면 까마귀 색이 될 것이다. 그래선지 까마귀는 썩 영리하고 떼를 짓는다.

밤이 왜 검정인지 깊이 생각하지 않아도 된다. 하루의 반쪽인 낮을 통째 흡수했으니 검을 수밖에 없다. 낮의 흰색이 연장된다면 너무 빛나 잠을 잘 수 없을 것이다. 흰색은 반사하는 성질을 갖고 있어 눈을 부시게 한다. 불면이 계속되면 목숨을 잃는다. 밤이 검정인 게 얼마나 다행인가.

산머루나 가시오갈피 열매도 거무죽죽하다. 산속에서 가을을 되우 타다 보니 숯처럼 에누리 없는 검정이 됐을 것이다. 우리 집 울안의 가시오갈피도 까맣게 모여 익는 열매를 달았다. 동글동글 작은 구슬 같은 것들, 그 검정 위로 가을 햇살이 내려앉아 반짝거린다. 검정이 흰빛을 띤다. 희한한 조화를 부리는 세상이다.

서너 켤레 내 구두도 모두 검정이다. 백구두는 내 취향도 분도 아닌 것이고, 갈색을 신은 적이 있으나 왠지 눈 밖에 나고 말았다. 이유가 불분명하지만 검정만 못한 게 이유라면 이유다. 그런다고 구두 빛깔에까지 검정의 통합논리를 끌어들이고 싶지는 않다. 그래도 그렇다. 검정만한 게 없으니 검정구두일 테니까.

내 노트북이 검정인 건 탐탁지 않다. 낮에는 지나치다가도 새벽에 일어나 뚜껑을 여는 순간 화면이 희끗희끗 어지럽다. 그 분분한 것들, 검정 바탕에 내려앉은 미세먼지 알갱이. 방안을 부유하다 어느새 스며들었던지. 닦아내지 않으면 머릿속이 어지럽다. 하긴 먼지가 많이 눈에 띄는 것에서 검정의 존재가 빛나지 않을 수 없다. 티 하나 내려와도 흠이 되는 완미함. 색중의 색, 검정은 역시 검정이다.

이쯤에서 추론해도 되겠다. 모든 색이 다 모여서 만들어지는 색, 다 받아들이는 색, 검정에서 더는 없다.

프리즘 너머 세상

— 서유럽 기행 프롤로그

세상은 한 권의 책, 여행을 하지 않는 자는 그 책의 한 페이지만을 읽을 뿐이라 했다. 전부터 적이 충격이었다.

책을 읽게 됐다. 유럽이라는 세상 밖으로 나를 내몬 것은 40줄의 두 아들이고, 내 몸을 끌고 나간 것은 패키지가 아니라 아직은 걸싼 두 다리였다. 자식의 효성에 새삼 놀랐고, 할 일 없는 사람에게 세상 너른 걸 알게 해준 이 나라가 고마웠다. 실은 어리둥절해 정신이 하나도 없었다. 여행은 가이드 뒤나 강아지처럼 졸졸 좇는 게 아님을 이제야 안 것부터 여행에 서툶의 여지없는 노출이다. 게다가 '헬로, 오케이, 땡큐'. 내 혀는 턱없이 짧다. 아예 영어가 안 된다. 이상한 일이다. 말문이 막히면 곧바로 시력에 혼란이 왔다. 착시가 아니라 숫제 안 보이는 후천성 시각장애의 슬픔….

이전, 절 답사에 나선 적이 있었다. 절은 다짜고짜 속내를 내놓지 않는 내밀한 집이다. 아는 만큼 보일 뿐이었다. 모르면 은근슬쩍 넘기는 것. 그 평범한 진리를 터득하는 데 적잖이 발품 들였음을 실토한다.

출국, 나라를 떠나 열두 시간 비행. 기내식은 혼돈스러웠다. 국내선에선 예전에 나오던 사탕 한 알 안 나오는데, 두 번의 식사와 단추만 누르면 나오는 와인, 주스, 캔 맥주의 거한 서비스. 내게 트라우마의 기억은 없다. 지레, 비행기에서 내린 뒤가 서먹하고 두려울 것 같은 예감이 온다. 이제 개인사를 다시 써야 할 것인가.

런던 히드로 공항에 몸을 부렸다. 시침을 여덟 시간 앞으로 돌려놓는다. 시차 조율은 내 행보의 본격화를 의미할 것이다. 내 의지와는 상관없이 여행은 이제부터 속력을 낼 참인가. 발로 걷고 버스로 기차로 흐른다. 낯선 도시의 거리, 산과 운하와 궁전과 박물관 그리고 그네들의 역사의 숨결과 느끼한 먹을거리. 8박 9일의 여정, 내 앞으로 창이 스르르 열리고 있다.

불편하게 하지 말자. 이왕의 일, 자신에게 편해지고 싶다. 여기도 땅이다. 와서 살 수도, 죽을 수도 있는 확률은 없어도 내 후손 중의 어느 한 녀석 이곳에 와 살지 말란 것은 말이 안 된다. 사실, 이 행성에 사람 사는 어디나 똑같다. 참말은 믿어 주고 거짓말은 믿어 주지 않는 온화하고 냉혹하기도 한 땅. 그렇다고 내가 수많은 나라들을 향해 숨 가쁘게 질주하는 것도 아니다. 지금 나는 영국, 프랑스, 스위스, 이탈리아-네 나라의 땅을 밟는 도식에 길들여져야 하는 일만 남았다. 탐구하는 자는 그 반경에서 이탈할 수 없다. 나는 겸손하고 호기심 많은 나그네로 길 위에 선다.

호기심은 낯설고, 겁핍은 낯익다. 낯선 것에 충분히 낯 뜨거워지고 싶다. 돌멩이처럼 시종 어디에나 지천인 것들에 둘러싸여 있던 내가 지도에서나 보던 서양이라는 생소한 땅에 내린다. 파행의 걸음을 의지할 지팡이 하나 없이. 낯섦을 치유하는 순발력과 재치의 유전인자가 내게도 있는 것일까.

일기예보가 없다는 영국. 기상캐스터는 "구름이 끼었다가 잠시 해가 반짝 하겠습니다."라고 한다던가. 템스 강 선상 가옥에 눈독들이며, 앉을 자리가 모자라 선 채 회의에 참석한다는 옛 건물 그대로를 고집하는 의회민주주의의 요람-영국 국회의사당을 지난다. 우리 국회가 떠오르면서 명치끝이 빳빳해온다. 앉은 채 차렷 한 것같이 질서정연한 한국의 그곳엔 서 있는 자는 단 한 사람도 없다. 대영박물관에 이른다. 버킹검궁의 근위병 교대식을 바라본다. 착각인가. 백마 탄 미녀 기동경찰관에게 눈 찡긋해 보이는 이 동양인에게 그녀가 씩 웃는다. 웬 구경꾼들인가. 남대문 시장은 저리 가라이다. 대영박물관으로 오버랩. 칼 마르크스가 공부했던 도서관이 있다는 소리에 정신이 번쩍 든다. 장서 2,500만 권이라니. 상형문자와 벽화가 난해해 이집트 미라 쪽으로 발을 옮긴다. 거대한 석관에 붙들린 걸음을 막 뗀 데가 64전시실, 기원전 3000년 미라이다. 왜소한 그 시대의 육신으로 허무를 움켜 안고 엎디었다. 또 옆에는 해골과 갈비뼈, 금세 수습한 것 같은 즉물적인 그 사람에게 움칫 놀란다.

유로스타로 50킬로, 도버 해협 해저 터널을 뚫고 파리에 내린다. 2시간 20분. 유럽엔 국경이 없었다. 보석같이 빛나는 파리의 야경. 잿빛 하늘을 인 채 몸 뉜, 그러나 파리의 환상은 독보적이다. 이제 그 들머리에서 나는 꿈꾸고 있다. 에펠 탑에서 내려다본 센 강의 짙고 푸름, 강변 분수대 나폴레옹 묘소가 있는 순금 지붕의 건물, 조각이 예술인 숱한 다리들을 보며 허공에서 내 두 다리가 휘청했다. 고소공포증이 도져 그만 탄성을 지르고 말았다. “아, 프랑스는 위대하다.” 2층 식당에서 점심을 먹으며 눈길이 떡 멎은 저기 노틀담 대성당과 몽마르뜨 언덕. 식후, 첫 경험같이 혀끝을 콕 쏘는 에스프레소 커피의 당돌함. 현란한 베르사유 궁전, 그 영욕의 역사를 더듬으며 광장에 서서 우산을 접은 채 늦가을의 비를 맞는다. 샹젤리제와 개선문 또 콩코드 광장, 잇따라 나를 전율로 몰아넣은 루브르 박물관의 장엄함. 그 속에 시선을 압도하는 방탄유리 곽 속 모나리자는 아직도 원근법이 없다. 센 강변에 기대 활자에 몰입하는 소년, 가을 속으로 들어가 키스하는 연인들에 가슴 뛰었다. 파리라는 도시의 표지는 도처에 널려 있는 많은 유적이 무색하게 이 가을도 낭만적이다. 그래서 사람들은 파리를 동경하고 그리워하는지 모른다. 골목길을 거닐며 특별한 로맨스를 만날 것 같은 행복한 상상에 젖거나, 파리의 예술가에 대해 속닥거리고 싶은 욕망이 배제돼 버린 채 인솔자에 끌려 다니는 패키지가 서글픈 밤. 나는 박제다. 그럼에도 묘한 서정과 설렘이 공존하는 이 발칙한 도시-파리가 자석처럼 나를 안아 한시도 놓아주지 않는다. 밤 이슥해 주마간산으로 훑는 눈이 지치다.

해발 3,454미터의 융프라우요흐로 뜬다. 산을 관통해 이리저리 구불구불 굽이치며 기어올라 떡 산정에서 멎은 놀랍고 놀라운 산악 협궤열차의 역사役事, 올해 백주년이란다. 얼음궁전을 지나 드르렁 알프스로 문이 열리고 거기 펼쳐진 샛하얀 설원, 손을 뻗으면 닿을 듯 저 흘립屹立한 절정, 융프라우요흐는 만년설에 덮인 지구의 태초였다. 눈부시다. 이 현란한 설산에게 시인은 무어라 구애의 말을 걸어야 하나. 산은 숭배의 대상일 수밖에 없었다. 지상에서 가장 높은 곳에 있는 우체통. 왜 후회하는가. 우리 아이들에게 엽서 몇 장 넣고 오지 못한 것을.

감미로운 안드레아 보첼리의 라 보체 델 실렌지오(LA VOCE DEL SILENZIO)에 베사메무쵸가 버무려지는 카스테레오에 귀지를 후벼내는데 그새, 몸이 베니스에 닿는다. 기적의 수상도시. 운하를 무지르듯 걸쳐 놓은 탄식의 다리, 카사노바가 갇혔다 탈옥한 감옥의 녹슨 철창은 아직 건재하다. 베니스에서 곤

돌라를 타지 않으면 여행이 무효란다. 친친 내리는 어둠이 사방을 싸기 시작하면 도시는 별빛으로 에워싼 화려한 야경 속으로 침몰한다. 수상택시를 타고 바다로 나아간다. '산타루치아, 잘 있어, 서러워 말아다오.' 울대 한 번 놓고 싶었는데 나오지 않았다. 내 속에는 역시 유교의 피가 흐르고 있다.

로마에는 유적이 지천으로 널렸다. 도시 전체가 박물관이다. 원형경기장 콜로세움, 노상 보던 그림에는 현장감이 그려있지 않았구나. 검투사의 번쩍이는 칼과 방패가 춤추는데, '죽여라!' 수만 관중의 함성이 잦아들고 있었다. 역사는 흐른다. 흐르기 위해 흐른다. 황제가 앉았던 자리 바로 앞에, 박해 받던 기독교인들이 거대한 철제 십자가를 박아 놓았다. 정오, 바티칸시티 광장에서 교황 베네딕토 16세가 손수 집전하는 미사를 지켜보았다. 광장을 메운 수만 인파의 환성! 아, 물결치는 인간 고뇌의 목마름, 그들은 구원의 빛을 갈구하고 있었다. 볼일이 급해 여자 가이드를 앞세워 해결했다. 그 일로 금세 바티칸시티 국경을 넘어 로마로, 두 나라를 드나들었은즉, 잊히지 않을 추억 하나 만들었다.

여행은 세상을 프리즘 너머 내다보는 것. 가지가지의 빛깔이 무지개처럼 현란한 띠를 띠고 있었다. 서유럽 네 나라를 8일에 섭렵했다면 천하의 사기꾼이나 나불댈 말이다. 그래도 나는 아이처럼 심장이 뛰었고 소년처럼 설렜다. 계획과 사고는 상반적인 것. 예상 안의 일과 예상 밖의 일, 지금이 아니면 안 될 것 같아서 관통하는 것은 여행에서의 계획과 즉흥의 변주다. 안다고 믿었던 그림에서 모르는 풍경과 만나고, 몰랐던 풍경에서 또 한 번의 변칙과 조우한다.

그렇다고 계획했던 여정이 갈지자로 춤추며 뒤틀리지는 않는, 이를테면 나는 여행에서 공부밖에 모르는 '범생이'였다. 얌전히 꽁무니만 따라다니는 순직한 여행자에게 이탈이란 꿈조차 꿀 수 없는 일. 가이드를 많이 괴롭혔다. 묻고 침 바르며 쓰고 또 쓰다 묻고. 입 닫고 귀 먹고 눈먼 청맹과니의 여행이 서러운 나날.

남은 것이 있다. 여행하며 메모해 수첩 한 권을 채우더니 볼펜 두 개가 말라 버렸다. 나는 지금 그 수첩을 붙잡고 앉아 쓸어내리고 있다. 손수 캐어낸 보물 덩어리다. 동서의 충돌은 충격이었고, 그 현장을 나는 주재기자처럼 성실히 르포로 담아 왔다. 이제 책 몇 페이지는 읽은 것인가. 짧은 대목이지만 정독했다. 독후감을 쓰고 싶다.

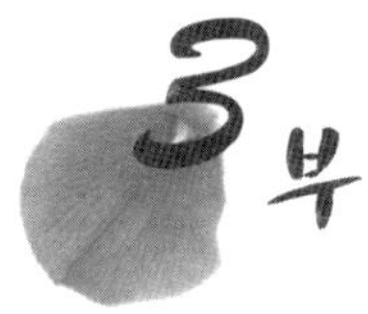

굽이치는 곡선의 광기
내 안의 나무 한 그루
모색暮色 속으로
병목 현상
자서전 안 쓰기
L 시인의 고백
불망기不忘記
언어 수용소

굽이치는 곡선의 광기

빠져들었던 것, 하던 일 내려놓고 그에게 홀딱 반해 버렸다. 낯선 이국 사람, 한 시대를 뛰어넘어 19세기 야수파 화가.

대면해 눈 맞춘 건 고사하고 먼발치에서 바라보기는커녕 목소리를 들어 본 일도 없다. 그의 그림이 바다 건너 특별전시회로 왔을 것인데, 아트홀을 찾아 눈앞에서 그의 작품이 걸려 눈부시게 빛나는 전시실의 순결한 벽에 눈 한번 맞추지 못했다. 다만 그를 집중 조명하는 TV화면이나 지면에서 책장 넘기듯 설렁설렁 훑어본 것에 불과했다. 그런, 깊지 못한 그와의 허술한 만남. 그것도 조우라, 길지도 집중적이지도 못했다.

빈센트 반 고흐.

나이 들어도 다시 온 봄은 설렘이 되는지 무얼 뒤적거리다 무심결에 컴퓨터를 열었다. 이 웬 우연찮음인가. 그의 그림이 떠 있지 않은가. 그를 잊고 지내다 대표작 〈별이 빛나는 밤〉을 보는 순간, 나는 그에게 쏠려 거의 정신을 놓아 버렸다. 잊고 있던 옛 정인情人을 만나기라도 한 듯 그의 그림 속으로 빨려들었다.

깡마른데 수염까지 나주래한 고흐가 그림 위에 초췌한 얼굴로 앉았다 저벅저벅 내게로 걸어오고 있지 않은가. 절호의 순간, 그의 얼굴 한 구석 불안감을 감춘 어두운 구석에도, 우묵한 눈에 번득이며 떠 있는 별 하나를 나는 놓치지 않는다. 불세출의 화가. 그러나 지극히 불운한 그에게 단 하나 구원의 빛이던 그 별.

새로운 예술을 꿈꾸며 고갱과 공동생활을 시작했으나 성격 차이로 순탄치 못한 나머지 잦은 정신병 발작이 이어졌잖은가. 고갱과 잦은 다툼 끝에 끝내 면도칼로 자신의 귀를 잘라 버린 뒤 생레미의 요양원에서 그린 이 그림. 좁게 모아 놓은 무한한 밤하늘, 별이 반짝이는 밤의 정경에 빠져들어갔던 그때의 밭은 숨결이 바투 귀청 깊숙이 스민다.

그가 동생 테오에게 쓴 편지 구절이 떠오른다.

"오늘 아침 나는 해가 뜨기 한참 전에, 창문을 통해 아무것도 없고 아주 커 보이는 샛별밖에 없는 시골을 보았다."

아, 바로 저걸 거다. 그림 왼쪽에 떠 있는 커다란 저 흰 별. 밤하늘의 구름과 대기, 별빛과 달빛이 그림 속에서 폭발하고 있지 않은가. 황량하고 짙은 파란색 하늘은 세상의 종말을 연상케 하고, 그 위로는 구름이 소용돌이치며 떴다. 속도를 내어 흐르는 구름의 동세에 달과 별의 둘레에는 빛이 부옇게 무리

졌다. 비연속적이고 동적인 터치로 그려진 하늘은 굽이치는 두꺼운 붓놀림으로 불꽃 같은 사이프러스와 연결되고, 그 아래의 마을은 대조적으로, 믿기지 않게 평온하다. 그의 고국 네덜란드를 연상시키는 교회의 첨탑. 병실 밖으로 내다보이는 밤 풍경을 기억과 상상을 결합시킴으로써 자연에 대한 내적 표현을 화폭에 구체화하려 했던 것 아닐까. 실눈을 하고 들여다본다. 이거야말로 객관을 거부하려 한 고집스러운 주관의 우심한 노출이다.

수직으로 높이 뻗어 올라 땅과 하늘을 잇는 사이프러스가 독특한 이미지로 눈길을 붙잡는다. 전통적으로 무덤이나 애도와 연관된 이미지의 나무로 선택된 것이겠지만, 고흐는 죽음을 결코 불길하게 보지 않았다.

별에서, 도달하려 한 생의 궁극을 본 그. "별을 보는 것은 언제나 나를 꿈꾸게 한다."며, "우리는 별에 다다르기 위해 죽는다."라고 한 그였지.

소용돌이치는 광기의 구름, 저 역동적 흐름과 별과 달의 섬뜩하리만치 강렬한 날빛, 몸을 뒤틀기라도 하듯 듬직이 서서 천지간에 엄연한 나무로 묵직하게 강조된 사이프러스의 존재감. 그럼에도 더욱 현실로 다가옴으로써 눈앞에 엄존하고 있는 마을과 교회의 저 일상적 편안한 존립.

전혀 순탄하지도 평강하지도 않았다. 뒤척이며 음울하고 아픈 삶 속, 그의 생애는 발작과 입원의 연속이었다. 발작이 없을 때는 그동안의 공백을 메우기라도 하려는 듯 마구 그리고 칠해댔다. 그럼에도 그의 정열적인 작품들이 생전에는 인정받지 못했고, 위대한 화가라는 인상을 세상 사람들에게 준 것은 1903년 유작전 이후의 일이었다.

음주와 흡연으로 쇠해진 몸이 갈 곳을 갈망했다. 때마침 그를 찾던 고갱과 그림을 함께하려 아를을 택한 것은 충분한 휴식을 내심 기대해서였을 것이다. 그곳의 풍경과 햇볕을 선택했던 것일지도 모른다.

그러나 끝나지 않는 정신질환에 시달리다 권총 자살로 우울한 생을 마감한다. 재능이 하 아까운 37세의 안타까운 나이였다. 그를 놓아주지 않았던 세상과 삶으로부터 나온 자신을 괴롭힘의 덫. "고통은 영원하다." 동생 데오가 지켜보는 가운데 그가 숨을 거두며 한 최후의 말이다.

순간순간 죽어간 광기의 예술혼. 마지막으로 생을 불태우려 했음인가. 그는 변신을 거듭했다. 「별이 빛나는 밤」에서 그의 필치는 두꺼워지고 열정적으로 변했다. 꿈틀거리는 선으로 신들린 것처럼 별의 광채가 한층 두드러졌다. 강렬한 색과 연결되면서 더욱 감정을 격렬하게 표현한 것이다. 굽이치는 곡선의 붓놀림. 그 운동감을 살려 내면서 자신을 둘러싼 그 모든 변화의 궤적은 결국 율동적인 흐름 하나에 통합한다. 연속적이되 결코 길지 않다. 짧지만 긴 붓 터치의 생동감.

나는 그림을 모른다. 더욱이 고흐를 알지 못한다. 가령 '해바라기'의 황금빛에서 확산하는 색과 사물의 생명력을 훔치려 할 뿐이다. 장님 코끼리 보듯, 그의 그림을 보면서도 겉돌 뿐, 한 치도 표면의 선과 색에서 그의 영혼의 세계로 더 나아가지 못한다. 속살을 만지지 못하는 안타까움에 갇히고 만다.

욕심이 없다. 이냥 이대로 좋다. 오늘밤, 고흐가 내 곁에 내렸으니 잠을 좀 설칠 것 같다. 졸음 겨운 거슴츠레한 눈일망정 질리게 바라보리라.

아니다. 밤 이슥하거든 뜻을 물어 그와 합환하리라.

내 안의 나무 한 그루

꿈꿨다.

오래 동경하던 곳인가. 일상을 뛰어넘은 시공간이었다. 비논리적인 그러나 진정, 전부터 여러 번 꿔 오던 유사한 꿈이다. 한번도 발길이 이른 적 없는 야산 등성마루를 헤매는 꿈. 얼굴 없는 여럿과 무리 지어 정처 없이 표류했다. 지향 없는 막연한 걸음, 끝이 보이지 않는 지독한 방황이었다. 그들 앞으론 평탄한 길이 놓이는데 이상하게도 내 앞으로 다가오는 지형만 유독 가팔랐다. 끊임없이 줄줄 냉한이 흐르고 두세 걸음 내딛기에 숨 밭다. 어느 낯선 곳에 잠시 머무른다. 저자처럼 웅성거렸지만 반면식도 없는, 전혀 인연이 닿지 않는 낯선 사람들뿐이다. 선뜻 배타적 방어기제를 꺼내든다. 나를 쳐다보는 그들의 눈빛이 석연치 않았지만 상관 않는다. 알은척하거나 말을 걸어

오는 이도 없거니와 대체로 무표정하다. 그들이 어디선가 먹을거리를 구해다 쉴 새 없이 오물거리고 있다. 와락 군침이 돈다. 어렵사리 먹을거리를 낚아채다 게걸스럽게 빈속을 속인다. 먹어도 또 먹어도 허기가 채워지지 않는다. 멈칫거리던 사람들이 어디론가 흐르고 나도 그들의 뒤를 따라 흐른다. 정해진 행선지가 제시됐거나 무얼 하려는지 행위에 단문의 표방標榜 같은 것도 내걸리지 않았다. 다만 전진한다는 것, 지금까지 그래 왔듯 관성적으로 어딘가 가야 한다는 확인되지 않은 가느다란 의식이 그들과 나 사이를 불안하게 잇고 있다. 하잘것없는 그것도 연緣이라 생각하며, 나는 웬만하면 그들과 한 살로 섞여도 좋을 것이라는 엉뚱한 의지를 품고 있었다. 문제는 길이었다. 길이 몇 걸음 가다 끊기고 또 내디디려 하면 막힌다. 촌촌전진하나 그것은 다리품이 하나의 길에 모아지지 않는 한낱 도로徒勞에 지나지 않을 뿐이다. 집중할 줄 모르고 분산하는 힘은 뚜렷이 눈으로 재거나 셈할 작은 실적도 얻어 내지 못한다. 전향적인 나아감이 위축돼 버리면서 쳇바퀴 돌듯 걸어도 또 걸어도 출발점에서 멀지 않은 지점에 몸을 놓아 서성거리고 있다. 목마르다. 사막을 횡단하는 자들보다 더한 조갈燥渴이 찾아왔다. 평생 겪어 본 적 없는 갈증이 단내를 풀풀 풍기며 걸음을 휘주근하게 옭았다. 나는 구원되고 싶었지만 신은 내게로 내리지 않았다. 정신의 갈구가 예수를 바라보고 부처를 향해 두 손을 모아 간구의 기도를 올리게도 했지만, 경직된 몸이 더 이상 움직여 주지 않는다. 그것은 만만하게 마음먹은 대로 되는 일이 아니었다. 아무리 몸부림 쳐도 막무가내다. 절대자이신 그분들이 시종 나를 거부하는 게 감지됐다. 고독했다. 아이처럼 가슴 설레며 애틋했다. 어머니는 여태 나를 당신의 가슴에 묻고 있지 않았는가. 누군가로부터 내게 번어 올 사랑의 손이 그리웠다. 따듯한 손길이 내 앞에 당도하기만 한다면 느닷없이 쪼글쪼글해 가는 내 육신쯤이야 그에게 붙들려 결박당해도 좋으련만. 끝내 사랑의 기적은 일어나지 않는다. 느닷없이 걸음을 멈춰 버린다. 진행이 없는 길에서 일탈하고 싶었다. 마침내 구만리장공을 부유하기 시작한다. 부연 안개의 징후가 다가와 몇 겹으로 나를 친친 감싸 돌고, 나는 꿈꾸듯 붕 떠다시 행려자처럼 방랑을 시작하는 것이다. 어제까지 건들바람에 지는 잎에도 나를 두근거리게 하던 맑은 영혼은 어느 인적 없는 외딴 길을 헤매는지. 혼미 속으로 그 맑은 영혼을 불러들이고 싶다. 서둘러 저편에 매몰해 있는 이전의 기억들을 게워내야 한다. 폭력 앞에 무릎 꿇던 굴욕, 가난에 찢기던 어둔 희망, 바다에 나가 돌아오지 못한 할아버지 형제들의 슬픈 전설, 두 돌 지나도 제 어미를 부르지 못하다 숨을 놓고 만 아기의 짧은 서사, 내게서 홀연 돌아앉아 버린 사람의 지워진 뒷모습, 허구한 날 쓰다 미완으로 남는 글…. 나를 찢고 부수고 헐어내고 싶었다. 충동과 퇴행과 충격과 갈등과 고민과 해후의 번다한 감정의 골짝을 지나려 발버둥치고 있었다. 저기다. 시계

안으로 고지가 잡힐 듯 들어온다. 여행에서 보았던 융프라우요흐처럼 만년설에 뒤덮인 눈부신 절정이 눈앞이다. 찬연하다. 올라가야 하리. 그곳에 가야 만나게 되는 희망의 언어, 그곳에 감으로써 속살 맞대게 되리라는 사람의 온기, 나는 지체 없이 올라야 하리. 그 순간, 천지를 뒤흔드는 음성이 내 앞으로 내리면서 으스러져라 나를 장악해 버린다. 단호하다. 이대로는 안 된다는 것이다. 닫았던 귀를 말씀이 열었다. "아픈 상처를 드러내야 하느니." 트라우마, 수많은 세포 속에 얼굴을 묻고 꼭꼭 숨어 있는 무의식의 음습한 기운들을 밖으로 꺼내 볕에 널어라, 바람에 쐬어라 한다. 다짜고짜 나를 꺼당기는 손이 있다. 저벅저벅 걸음을 내딛는다. 나는 무심코 벋어 오는 손에 이끌려 간밤에 꿨던 꿈의 무대 그 황량한 산야로 무너져 내린다. 문득 머릿속으로 한 줄기 빛이 스쳐 지나고 나는 어느새 한 그루 나무를 부여안고 있다. '나무를 심자. 흙을 북돋아 물을 주면 온전히 자라리. 그러는 어느 날, 나는 나무에 올라 앉아 잘 발효된 꿈을 음계 없이 노래하리라.' 어느덧 꿈속에서 겁劫의 시간이 소리 내어 빛으로 흐르고, 나무는 싱그럽게 쉬지 않고 자라 올랐다. 거대한 나무가 하늘을 찌를 듯 충천해 위의를 떨친다. 장엄하다. 곁가지에서 잔가지를 내며 돋아나는 풍성한 잎사귀의 거침없는 공간 장악. 무한한 시공간에 갇힌 채 나는 다시 꿈꿨다. 나무의 우듬지에 오른다. 꿈인가 생시인가. 이상하다. 내가 내 안에 앉아 있다. 나무가 어느새 내 안에 들어와 있다. 연일 꿈꾼다. 낮게 드리운 에메랄드빛 하늘로 파랑새 한 마리 날아오르고, 언덕 너머 나무 속으로 불끈 무지개가 솟는다. 나는 거침없이 내 안으로 깊이 들어가 밑바닥으로 가라앉는다. 부유하다 침잠한다. 급기야 꿈속의 주인공과 해후한다. 놀랐다. 한순간에 눈이 번쩍 뜨인다. 그는 정겨운 내 도반, 평생을 동행해 온 내 안의 다른 '나'였다. 내가 '나'를 흔들어 깨우고 있었다. 온 힘을 다해 끌어안는다. 내 안의 나무 한 그루. 그가 두른 광명의 빛 무리를 바라보며 마침내 나는 눈시울을 붉힌다.

법열法悅의 순간, 전율하다 꿈 깼다.

모색暮色 속으로

간소해졌다. 몸 안에 수북했던 거품이 쑥 빠져나간 것 같은 가벼움. 이제 내 셈법대로 돼 가는 모양새다.

먹는 것, 입는 것, 좌와기거가 단순 명료해진 게 분명하다. 가시적인 변화다. 줄이고 솎고 걸러내고 간추린다. 무얼 더 얻으려 않고 이것저것 안에서 꺼내 밖에다 내걸어 놓는 따위는 천성이 아닌 것으로 치부한 지 오래다. 간결해졌다. 달라진 모습에 자신이 어리둥절할 때가 있다. 변화가 온당한 것이어선지 일상생활 속에서도 별반 평정과 균형을 잃거나 중심을 놓는 경우가 드물다. 심신이 노작지근해도 초조하거나 혼란스럽지도 않다.

해 질 녘, 창가에 기대 서편으로 눈길을 보내는 버릇이 슬며시 자리 잡아 간다. 그럴 즈음 눈앞에 펼쳐진다, 손 내밀면 만져지겠다, 저 홑옷 얄브스름 속살 어른거리는 매무시. 멀리 희

부옇게 이내 낀 소실점 저쪽 유백색 저녁 풍경, 모색暮色에 마냥 이끌린다.

무엇이 나를 저뭇해 가는 풍경으로 빠뜨리는가. 그 속으로 풍덩 빠져들면 금세 밑바닥으로 가라앉는 무중력 상태의 평강함이라니. 그토록 읽고 싶던 책을 정인情人처럼 끌어안던 순간의 찌릿한 세포 반응이다. 큼지막한 부채 있으면 저 속으로 다리 죽 벋고 길게 누워 활활 부치며 한잠 청하고 싶다.

머리 위로 가까이 내린 하늘이 푸른 등잔불만 하게 밝다. 날 샐 무렵, 갓밝이 어둑새벽은 아니나 푸르스름하니 그와 엇비슷 모호한 빛 속으로 허공에 세워 놓은 시간의 풍경이 아스라하다. 어둑어둑해도 외려 여명을 바라볼 때처럼 혼몽을 걷어내며 정신은 맑디맑다. 다시 하루가 이울려 하고 나는 어느새 모색 속으로 몸을 들여놓는다.

후우, 성에 낀 유리창에 입김 불면 조르르 흐르는 희뿌연 빛깔로 달떠 설레는 이 시간, 밤의 초입은 나를 늘 아이의 가슴으로 두근거리게 한다. 뒤란 감나무 가지 끝에 두세 알 남은 황금색 감이 회청색에 묻혀 소진해 가는 늦가을 초어스름, 까치란 녀석 깜빡 잊었는지, 배가 부른 건지 요 며칠 새 내왕이 뜸하다. 언제나 흠결인 게, 이 시간은 어정쩡 서성거리다 보면 저만치 가 버려 홀연 휑하게 가파르다. 밤으로 가려는 시간, 아득바득 붙들고 싶지만 기꺼이 보내야지, 십일월의 나무처럼 내려놓아야지.

은연중 무엇엔가 등 떼밀린다. 탁 트인 옥상에 우뚝 서서

하늘 아래 일망무제의 허공으로 눈길을 뿌린다. 듬성듬성 지나는 차량들이 눈에 불을 켜기 시작하면서 고이는 읍내 마을의 적요. 길 건너 굽어보이는 바다가 숨을 고르려는지 먼 방황에서 돌아온 중년의 여인처럼 다소곳하다. 시골 초가지붕 위로 새어나오는 저녁연기 빛 해무가 홑이불처럼 바다를 느슨히 감싸 안았다. 한나절 쉴 새 없이 남실대느라 지친 걸까. 너누룩하던 바다가 한낮의 열기를 게워 내며 지루하던 하루를 되새김질하고, 저녁놀은 편편한 해면 위로 능소화 빛 물감을 풀어 놓더니 인제 끝손질에 몰두한다.

등 뒤로 눈을 보낸다. 저녁 찬바람에 옴치고 앉은 산에 어릿어릿 그늘이 내리면서 어느 결 눈언저리로 번져 거슴츠레하다. 아직 촘촘하지 못한 어둠의 망이 성기긴 해도 안개 낀 듯 눈앞 아슴아슴하다. 산은 이맘때면 단지 풍경으로 있지 않다. 움직이는, 혹은 움직이지 않는 초목군생들, 한낮에 방목했던 수많은 식생들을 잊지 않고 거대한 품속으로 꾸역꾸역 거둬들인다. 산에 땅거미 기어이 진을 치고 들앉으면서, 산정을 사뿐히 뛰어내린 박모薄暮에 슬슬 속력이 붙어 능선의 실선들을 한 획 한 획 지워 가기 시작한다.

새들 벌써 숲 속 깃에 깊이 숨었고, 소소리바람에 마른 풀 서걱거리는 소리 잠시 어스레한 사이에 발을 슬쩍 놓더니 어느새 밤의 시간으로 스러지려 한다. 어느 연못에 길게 발을 내린 수련이 졸음 겨운 미녀처럼 까칠해진 눈꺼풀을 서서히 내리누

르려 할 것인데, 창처럼 꼬장꼬장한 창포 잎 끝을 스치는 매몰찬 바람에 미끄럼 타던 소금쟁이도 일찌감치 하루를 접고 있으리.

체념이 아니다. 그들의 잠입은 질서의 재편으로 하루를 지나 내일로 진화하려는 휴지의 시간일 뿐. 그들이 맞이하는 밤은 모처럼 안온할 것이다. 시나브로 진행되던 존재의 무화는 하루라는 시간으로 마감되면서 비로소 그만한 무게로 가라앉아 침중하다. 현재가 미래로 흐르는 시간, 그 경계의 전후 이동이 작은 의식으로 엄수되는 이즈막을 사람들은 마당놀이 관람하듯 객석에 나앉았다.

중학교 미술책이었나. 그 한 페이지가 눈앞에 대사大寫된다. 곧게 뻗은 길 양쪽에 포플러가 즐비한데, 빨랫줄처럼 죽 뻗은 길을 눈이 따라 들어가면 아득히 소멸하던 길의 끝자락, 소실점. 어린 내 시선은 거기 머물지 않고 몇 발짝 소실점 밖 미지와 동경의 길목에 가 있곤 했었지. 너머에 어떤 세계가 나를 기다리진 않을까, 열려 있긴 할까, 언제쯤 거기에 발을 놓게 되나 하고 어설픈 상상에 목말랐지. 예전의 그 길 위로 눈앞의 모색이 연인의 포옹처럼 으스러져라 포개며 무너져 내린다, 지금.

눈을 크게 뜨고 바라보아도 소실점 너머 눈에 띄는 거라곤 아무것도 없다. 동강나 어른거리는 오라기 하나, 밤낮없이 석공이 깎아 낸 지저깨비 하나 눈에 띄지 않는다. 맨눈이 아닌, 누진다중초점렌즈로도 보이지 않는, 허름한 내 눈의 한계. 볼 것을 보지 못하는 나는 천생 청맹과니인가. 여직도 저 너머가

궁금하다. 몇 마장 길이 됐든 무질러서라도 그 세상 속으로 걸어 들어가고 싶은데….

지그시 눈을 감는다. 머릿속이 보다 간소해졌다. 눈앞이 단순 명료하다. 홀연 앞으로 길 하나 놓인다. 아, 저기 머리에 허옇게 서리 쓰고 있는 사람, 주억거리다 모색 속으로 걸어가고 있다. 걸음 굼뜬데, 어깨 기울고 등 구부정하다.

어느새 놀 지고, 조금 전 서편에 떴던 조각구름 하나 어둠에 묻혔다.

병목 현상

수많은 길이 있었다. 그 길 가운데 선택한 길, 인연의 길을 걷는다. 산다는 것은 길을 가는 것이다. 지금도 나는 그 길 위에 섰거나 어느 한 길을 가고 있다.

크고 작은 길, 오르막 내리막길, 굽이 잦은 길 혹은 평탄한 길, 보이는 길, 보이지 않는 뒤꼍 길도 있다. 길은 올곧게 가기도 하고 돌아가기도 한다. 길은 길에 연해 있어 가다 다하면 새 길 위에 선다. 도달하지 못한 채 평생을 한 길 위에 머물기도 한다. 산을 가리키며 행인은 늘 산 밖에 있다.

아잇적 길의 학습은 소풍에서 시작했을 것이다. 꽤 먼 길을 걸어가고 걸어왔다. 먼지 푸석이는 신작로를 지나 들판을 질러 오간 그 길은 등하굣길과 달랐다. 하늘이 기울게 내려앉고 구름이 머리 위를 자분거리며 냇물로 흘렀다. 들꽃이 피어 풀풀 향기를 날렸고, 바람에 뜬 새들이 무리 지어 햇빛 속으로 날았다. 아이들은 소풍의 설렘으로 들뜬 보법에 차츰 익숙해 갔다. 잰걸음이다 느리게 걸으며 숨을 고르는 걸음의 첫 경험은 점차 그것의 축적에서 한 세계와의 대면으로 진화했다. 낯선 세계로 나아가며 걸음을 떼던 어릴 적의 소풍, 그때의 길이 지금도 아슴푸레 기억 속에 되살아난다.

젊은 날, 내게 길은 어서 오라 유혹했다. 선택의 폭이 클 수 없던 열악한 시대의 터수에서도, 손짓하는 길들에 기웃거리게끔 했다. 키 크고 머리 꽉 차 갈 무렵, 주홍색 카펫이 깔린 꿈길에 홀리던 시절이 있었다.

천직이라며 들어선 교직에도 길이 몇 갈래였다. 초등에서 고등학교로 자리를 옮긴 것을 한 층위, 길의 수직 상승이라 했다. 그 길로 접어들자 거기 열려 있는 길이 또 다른 풍경으로 다가왔다. 공립에서 사립학교로의 이동은 걷던 길의 작은 일탈이고 해체였을 것이다.

구부정한 길은 곡선의 우아함으로 에돌아 흐려질 수 있다. 길에 대한 호불호好不好가 있었다. 나는 왜곡되지 않은 올곧게 난 직선의 길을 꿈꿨다. 철학이 절름거리면 정신이 퇴락할 것을 우려했다. 의로운 편에 서려 한 것이다. 뜻이 흔들리고 길이 위협 받는 상황에 고민하다 학교를 떠나 대처의 학원가로 난 길에 선 적이 있다. 섬을 떠났다. 마흔 살의 세간을 싣고 솔가해 반포에다 짐을 부렸다. 길이 한때 입시학원에 정박하며 낯선 서울에게 유화의 손짓을 보내던 시절 얘기다.

사위로 열려 있던 길들, 섬사람에게 도시의 길은 너무 혼잡했고 나는 소음과 질주와 추월의 길에서 도망 다녔다. 편도 십차선의 포도 위에서 쫓기듯 매양 서울의 길은 고단했다. 3년 만에 귀환 길에 섰다. 돌아오지 않으리라 했던 길이었는데도 고향 길은 정겨웠다. 너그럽고 푸근했다.

십 년이 채 안 가 나는 교직 속의 또 다른 길을 걷고 있었다. 역마살 끼어 변신에 이골 난 대로였다. 사립에서 다시 공립학교로, 서귀포가 임지였다. 가팔랐지만 한라산을 넘어 오가는 길이 좋았다. 풍성하고 윤기 번지르르한 자연에 안복을 누렸고, 싱그러운 산의 공기는 내 허파꽈리까지 그득 채웠다. 그곳 학교를 오가며 길을 흐르던 사유 속의 일 년을 산에 집중할 수 있었다. 산다는 것은 경험하는 것이지 삶의 의미에 대해 생각하고 앉아 있는 것이 아니다. 걸었던 길을 암만 뒤져 보아도 내게 그만한 추억이 없다.

내 교직 속의 길은 순탄치 않았다. 파란의 길이었다. 너울이는 바다의 파고보다 더한 세파를 건너며 땅위의 항해를 이어 온 길이다. 사막 같은 길에서 한 조각 풀잎을 찾아 간구한 것은 갈증을 적실 한 모금 물이었다. 물은 쉬 내리지 않았다. 고독과 적막 속에 '나'를 견뎌내는 길은 늘 외롭고 허무했다.

정년퇴임 무렵, 나는 길 위에서 다가올 미래에 대한 불확실성에서 갑자기 소통에 체증을 느꼈다. 병목 현상이었다. 전후

좌우를 살펴도 길의 폭이 현저히 좁다. 그냥 내디뎌 되지 않았다. 속도를 줄이고 도로 위의 흐름을 기다려야 하는 걸 알아간다. 이 길의 요체다. 횡행이 용납되지 않는 길목, 조율해야 하는 지점에 나는 섰다. 전에 포착하지 못하던 길 위의 색다른 이 인식은 인생에 대한 획기적인 발견인 듯하다. 자기 검속檢束일지도 모른다.

길엔 사철 바람이 산다. 흔들리는 것이 있어야 비로소 눈에 보인다. 길이다. 성취는 꿈꾸는 존재에게 화답으로 내리는 최상의 보상이다. 다만 그것이 보장되는 게 아닌 걸 알게 된 것은 실로 최근의 일이다. 급격히 좁아진 그 길로 접어들며 신중히 걷는 연습을 하게 된다. 느리게 걸으려 한다. 노상 대하던 것들이 낯설고 해 오던 일마저 서먹하다. 그래도 앞에 있는 이 길은 당초 허용하는 속도와 방향에 따라 움직일 수밖에 없는 존재론적 장치인가 한다.

병목의 턱에서 만난 것이 언어다. 나는 시와 수필의 길 위에서 대표작 하나씩을 꿈꾼다. 내 앞엔 황혼이 사그라진 뒤 겹겹이 두터워 가는 모색暮色, 시야가 흐리고 머리 위에 별은 너무 멀다. 시행착오 끝에 방향을 틀어 서쪽으로 진행의 가닥을 잡는다. 어림짐작이나 기다리노라면 글의 길은 내게 오리라.

시간은 관성만으로 일을 꾸리면서 감성을 녹슬게 음모하는 악덕이다. 머릿속이 아뜩하고 해맑은 사유를 띄우던 영혼의 연못이 날로 흐려만 간다. 울컥하던 감성과 이슬 같던 그 순수,

에스프리가 없다. 외로운 영혼은 목을 빼어 놓고 어느 길 위에서 나를 기다리나.

고심한다고 되지 않는다. 걷노라면 어느 먼 지점에서 내 영혼과 해후하게 되리. 나이 듦인가. 걸어온 길마저 턱없이 폭을 줄이려는 양한 이즈음이다. 생략이고 단절이고 삭제다. 걸어온 길들의 융합으로 나타난 이 도로 폭의 줄어듦, 실의 단순화가 놀랍다.

행여 마지막 떠나는 길에 간직할 글 한두 편 내리지 않으려나. 먼 옛날, 들판을 가로지르며 길을 학습하던 아잇적 소풍이 그리운 날이다.

자서전 안 쓰기

시한부 선고를 받은 한 작가에게 자서전을 남겨야 하는 것 아니냐 하자, 그가 답했다.

"무슨 자서전. 그건 순 거짓말이야. 더럽고 부끄럽고, 잘못한 건 다 빼고 솔직하지 않아. 소설가가 소설 쓰면 되지, 무슨 자서전을…."

그의 말이 내게 결정적인 영향을 준 것은 아니다. 다만 공감할 뿐이다.

'자서自敍'가 무언가. 자신에 관한 일을 자기가 서술하는 것이다. 그러니까 자서전은 자기가 쓴 자신의 전기다. 화가가 그리는 자기 초상하고도 다르다. 자기 얼굴을 그리는 건 사실적 재현이지만 자서전은 그와 다르다. 내가 나를 쓴다는 발상, 애초 잘못 잡은 구도다. 나를 글로 해체하는 것이야말로 어이없는 모순이다. 처음부터 끝까지 주관의 지배 아래 쓰는 글은 자신을 글의 노예화하는 짓이다.

기준을 설정하지 않는 것이 주관이다. 설정한다 해도 애매한 것이고, 또 그것은 순간순간 갈대처럼 흔들린다. 주관은 시종 주관에 머무를 뿐 자신의 울타리를 넘지 못한다. 객관화하지 못하니 주관이다.

누가 행여 '실명소설'을 써 준다면 성의에 감복해 감사해 하게 될지 모른다. 그러나 그것은 허드렛일이다. 나는 나를 소설화할 만큼 이름 난 사람이 아니다. 설령 그런다 해도 거절하게 될 것이다. 내 생애가 소설적인 요소와 드라마 같은 전개인 것 같아도 소설화하는 순간 진실이 무너져 버린다. 한 사람의 실재를 허구화하는 모순 때문이다.

자서전은 자화자찬일 수밖에 없다. 부끄러운 한 대목에 반성과 회오의 말을 쏟아 놓더라도 그것은 표층적인 것일 뿐 깊은 상처가 아문 내면이 풀어내는 고해告解는 아니다. 진실은 진솔하게 털어 놓을 수 있는 용기가 변환하면서 목소리가 돼 나온다. 쓰다 보면 은연중 허구의 바다로 항해하고 마는 것이 고쳐지지 않는 서술에 밴 습관이다. 뻥튀기하면 쌀알의 원형은 사라져 버리고 부풀린 허상만 튀어 나온다. 계속 복제돼 나오는 붕어빵만도 못하다. 확대한 것에는 그때의 시간, 그때의 표정이 없다. 사실을 저버리는 것이다.

자서하다 보면, 머리에 이고 있는 하늘을 날고 싶어지는 것 아닐까. 없던 날개를 달게 될 것이다. 날아 본 적이 없는 사람의 날갯짓은 처음부터 끝까지 소극笑劇이거나 아니면 그것의 소재다. 차라리 패러디 한 편을 읽는 게 낫다.

자서전에는 사진이 전시되는 것이 상례로 돼 있다. 윗대로부터 내외 사진, 자녀들의 졸업과 결혼에 이르는 것들, 또 다양한 행적들을 담은 장면들의 파노라마다. 컬러 사진 못지않게 화려한 인생 이야기들이 사실감 넘치게 흐른다. 소중한 삶의 기록들이라 책장을 넘기며 한 사람의 힘든 시기를 짐 지고 헤쳐 나온 열정에 가슴 뛰면서 박수를 보내게 된다. 후손에게 귀감이 될 것을 기대했을 법해 공명하는 것이다. 다만, 그가 만났던 고통의 숨결, 흐느끼던 슬픔이 없는 것이 흠결이다. 하지만 눈물이 없는 화보라고 그것을 나무랄 것은 아니다. 책 속의 글을 읽으면 행간에서 절로 그것들과 해후하게 되니까.

나는 수필을 쓰는 사람이다. 수필은 얼마나 진솔한 문학인가. 사실을 과대포장하면 이미 수필이 아니다. 자신을 나상으로 드러내는 문학인데, 그렇게 두껍게 싸고돌면 이미 수필이 아니다. 자신을 털어놓은 글이니 소설이 될 수도 없다. 수필을 소설식으로 구성하고 서술한다면 소속 불명의 이상한 문학이 되고 만다. 자신이 살아온, 혹은 살아가고 있는 삶을 진실하게 서술해야 하는 것이 수필일진대 나는 이미 자서전을 쓰고 있는 것은 아닐까.

'나' 아닌, 3인칭 '그'나 자연, 사회나 역사를 쓰고 있기도 하지만 그것들은 소재로서 수필 속에 변용되면서 결국 '나'의 얘기로 귀속한다. '나'이거나 '내 얘기', '내 생애'를 글 속에 내려

놓는 것이 수필이다. 그런다고 수필이 신변잡사를 쓰는 장르라 함이 아니다. 신변잡사에 머물면 수필이 아니요, 그것은 도도한 줄거리로 흘러야 하는 자서전에도 이르지 못하고 만다.

나는 '나의 얘기'에 치중한 편이라 말한다. '나'를 소재로 한 글인 한 선별하고 재구성하며 혹독하게 매치고 깎고 짜고 두드린다. 불가마 솥에서 수차례 덖어 오묘한 맛을 내는 녹차처럼 불의 심판을 받으려는 것이다. 수필은, 더욱이 나이 들어 지난 적 얘기를 많이 꺼내들게 되면서 날로 그쪽에 충실하다. 내 수필이 과거에 더욱 냉혹하려는 연유가 여기에 있다.

내 생에 몇 권의 수필집을 내게 될까. 지금 다섯 권, 아마 그에다 몇 권을 더 얹게 될 것이다. 하지만 그 속에는 내 인생 전체 혹은 전체를 압축한 한 부분이 생애의 단면으로 수면 속에 잠겨 있을 것이다. 나를 만나고 싶어 하거나, 내 목소리에 귀 기울이고 싶어 하는 자손들을 왜 품어 안지 않으랴. 내 책을 읽으며 집안 내력에 가슴 두근거리고 눈을 빛내기를 마음속으로 빌 것인데….

내 수필집이 곧 자서전이 될 수는 없다. 에둘러 말한 삶이거나 은유이거나 더러 형상화한 것이라 사실처럼 느끼지 못할는지 모른다. 그래도 내 적나라한 인생은 내 수필에 있다.

수필을 쓸 뿐 자서전은 안 쓴다. 자서전은 수필이면서 수필이 아니다. 수필이 아니므로 문학이 아니다.

L 시인의 고백

『월간문학』 지면 특강에서 L 시인의 고백을 읽었다. 충격이었다.

"문학의 길에 접어든 문학청년 시절, 시의 길을 찾기 위해 헤매 다니며 지독한 몰입과 유폐의 시간에 갇혀 있었습니다. 시만을 생각하면서 잠자지도, 먹지도 못하는 정신적 공황 상태에 빠져 살았습니다. 몸이 말라 50킬로를 넘나들다 이명耳鳴에 시달렸고, 불규칙하게 뛰는 심장의 고동 속으로 빠져들면서 '아, 이렇게 죽는구나.' 생각하면서도 몇 편의 시만이라도 제발 와 주기를 소망했었습니다."

나는 더 이상 책장을 넘기지 못했다. 흐린 눈으로 창밖만 내다봤다. 갑자기 한천 아래서 겨울나무들이 감시하듯 나를 지켜보고 있었다. 정원의 나무들에게 할 말이 없다. 나무도 내게 할 말이 없는지 시종 무표정하다. 섣불리 말하기가 거북한지, 아니면 할 말을 잃어버렸는지 모른다. 피차 말 않는 게 편할 것이다.

스무 해 전 등단하면서 나는 늦깎이라고 혼자 넋두리했다. 독백은 특별했다. 문청 시절이 없었다는 얘기다. 고등학교 교사로 오랫동안 국어를 가르쳤지만 그걸 문학이라 한다면 견강부회다. 엄격히 얘기해 학생에게 문학을 강의하는 것과 쓴다는 것은 별개다. 교육과 창작은 촌수가 아주 멀다고 봐야 맞다. 양립일 뿐 병립이 아니다.

젊은 시절, 글을 쓰기 위해 고민하지 않다 쉰을 지나 문학에 입문한 것을 사증도 없이 통과시킬 수는 없다. 기초 부실한 건축이나 진배없는 것을 우긴다고 잘된 건축이라 하기는 그른 것이다. 발효되지 않은 누룩은 좋은 술을 빚지 못한다. 자괴해야 할 대목이다.

수필로 등단한 뒤, 서둘러 시를 공부한 것도 반거들충이에 대한 자괴감에서 나온 고육책이었음을 고백한다. 시를 하기 위해 도서관에 5년을 들락거린 것도 따지고 보면 자격지심에서 나온 것으로, 자기암시를 위한 그 걸음이었다. 시도를 건 건 분명하다. 하지만 머리 허연 노인이 취직시험 준비하는 청년들 틈에 끼여 땀 냄새도 맡아 보고 그들의 밭은 호흡에 귀 기울이려 한 것 이상이 아니다.

그런 중 시인으로 등단했다. 작품을 응모해 놓고 소식이 없자 종일 술에 취해 거리를 떠돌다 퍼더앉은 게 도서관 뒤뜰이었다. 그것은 젊은 시절의 자학이 아니다. 하루 세 끼에 배불리며 도서관에 앉아 무슨 시를 했을까. 차라리 산야를 헤매고 탈주선에 몸을 놓아 목표 없이 흘러봤어야 하는 것 아닐까. 아니면, 한 떨기 초록 풀잎을 찾아 모래바람에 눈 감고 열사의 사막을 가로질러 봤어야 하는 것이지.

나이 먹으며 불어나는 몸집. 벌겋게 녹슬어 가는 감성에 모처럼 깨어 있던 한 가닥 의식마저 방치해 아둔한 요즈음이 공연히 슬프다.

실토하거니, L 시인이 말하는 "잠자지도, 먹지도 못하는 정신적 공황상태"의 문턱에도 서 보지 못한 나. 나는 과연 문학을 하는가. 작품집이라고 여남은 권을 세상에 내놓아, '나는 시인이오, 수필가요.' 하고 있는 것은 꼴불견 아닌가. 또 그런 나를 보며 세인들이, 또 가까운 문우들이 웃고 있지는 않은지.

부실한 문장 몇 줄 쓴답시고 어깨 으쓱하진 않았으며, 사전 속에서 시답잖은 어휘 몇 꺼내놓고 내 전매특허인 양 소리를 높이지는 않았던지. 전대의 아류, 명품의 한 구절을 오려내어 내 것인 양 거드름 피우지는 않았던지. 자신에게 혹독해야 하리.

'아, 이렇게 죽는구나.'에 이르러 숨이 꽉 막혀 왔다. 죽기 살기로 쓴 시, 자신을 닦달해 쓴 수필 한 편이 없다는 어처구니없는 실재적 자기모순, 또 채우려야 채워지지 않는 이 텅 빈 공허의 허무.

나는 왜 쓰는가. 내가 쓰고 있는 것은 무엇인가. 자문하지만 자답이 없으니 극한으로 혼란을 부추긴다. 답답하고 청승맞고 암담하다.

나라 안의 문인 수가 무려 만여 명에 이를 것이다. 2014년

1월호 『월간문학』은 한국문인협회 회원 주소록으로 전례 없이 과포화를 포장하고 있었다. 563쪽. 작품을 싣고 있는 게 고작 178쪽에 불과했다. 협회 소속 회원 수만 1만2천 명을 훨씬 넘는다. 거기에 한국작가회의 회원, 또 문학단체에 이름을 올리지 않은 잠재적 인원을 셈에 넣으면 그 수가 엄청날 것이다.

과연 그들은 문인이라는 명패에 부끄럽지 않은 글을 쓰고 있을까. 혹여 시인이, 소설가가, 수필가가 독자보다 더 많은 것은 아닌지 돌아볼 일이다. 남에게 말을 걸고 앉아 있을 일이 아니다. 나는 어떠한가. 시답지 않은 시, 수필답지 않은 수필이라면 이제라도 내려놓아야 할 것은 아닌지.

구순이 목전인 어르신이 수필집을 출간해 친필 사인하며 내게 건네매 소스라쳐 놀랐다. 며칠 뒤, 산수를 넘은 노 수필가에게서 작품집이 우송돼 왔다. 400쪽에 육박하는 부피에 다시 놀랐다. 그분들은 왜 그 연치에 글을 쓰고 책을 내는가. 바위에 이름 석 자를 새기고 싶을 것이다.

어느 젊은 시인은 일류에서 이류, 삼류로 시인 등급을 갈랐다. 자신을 어느 등급에 세워 놓고 있어 보였지만 묻지는 않았다. "시집을 어디서 출판하느냐 하는 것하고도 무관치 않습니다."고도 했다. '나는 삼류인가, 삼류는 되는가.'에 골몰하다 물어 볼 경황조차 없었다.

이런 지경에 내몰리고 있는 게 문학하는, 요즘 내 왠지 흔들리는 입지다. 우습다. L 시인은 몇 년 전, 경주에서 열린 동리

목월 문학관 개관 때 일박 뒤 이른 아침 이슬 내린 뜰에서 커피 한잔하며 얘기 몇 마디 나눴던 분이다. 그와 나는 동갑이었다.

이 거리. 문청이던 그와 아니던 나와의 거리, 운니지차雲泥之差일까. 다만, 분명한 게 있을 것 같다. 그는 지금 고백하고 있는데, 나는 고백할 게 별로 없지 않은가.

불망기不忘記

호기심이 에빙하우스의 망각곡선에 붙들렸던 적이 있다.

껑충 뛰어올랐다 급전직하하는 곡선의 흐름이 눈앞에 선하다. 자신을 상대로 실험했다는 이론이, 학습한 날은 물론 100퍼센트 기억하던 것이 다음날엔 고작 30퍼센트만 남는다며 말을 걸어온다. 엄청난 망각이다. 충격은 그 다음에 기다리고 있었다. 아무런 복습 없이 한 달이 지나면 학습한 내용의 5~10퍼센트만 남고 나머지는 깡그리 잊어버린다는 것 아닌가.

충분한 이해를 바탕으로 학습한 뒤 자신에게 알맞은 주기로 리뷰해 주면 상당히 시간을 절약하면서 더 많이, 더 오래 기억할 수 있는 여지는 있다. 문제는 한 달 뒤 기억의 상실이다. 중요한 사실이 머릿속에서 흔적 없이 사라져 버린다면 그에 더할 허망함이 없다.

문학의 길에 접어들면서 갈급했던 것이 어휘다. 작품을 섭렵하면서 신선한 명구나 좋은 어휘와 만나는 기쁨을 무엇에 견주랴. 그런 누림도 순간의 일, 읽고 나면 이내 잊어 버린다. 홀딱 반했던 어휘가 내게서 가뭇없이 떠나 버리고 나면 바로 직전 가슴을 움켜 안았던 허기에 더한 허무감이 밀려온다.

벗어나야 한다. 그래서 시작한 것이 메모다. 책을 읽을 때면 옆에 큰 수첩을 끼고 앉는다. 읽다 처음 만나는 명구와 어휘들을 만나는 족족 적는다. 예문을 그대로 따서 적고 사전을 찾아 의미를 달아 두는 것이다. 그러다 보니 등단 뒤 스무 해가 넘은 지금, 메모 수첩이 수십 권에 이른다.

어느 작가의 글 속에서 색다른 말을 대해 당혹했던 기억이 난다. '아시잠'. 새우잠 말고 도대체 이런 말도 있나 했다. '아시?' '아우'의 제주방언으로 친숙한데 그와는 무관할 것은 뻔한 것일 테고. 안두에 끼고 앉는 중사전에 손이 갔다. 없는 말이다. 책상 아래 묵직이 똬리를 틀고 앉은 국립국어연구원의 『표준국어대사전』을 두 손으로 안아 올렸다. 상·중·하 세 권의 '중'이다. 무려 7308쪽에 이르는 거대 사전이다. 한꺼번에 셋을 들려면 끙끙대며 팔 벌려 가슴으로 안아야 할 판이다.

무릎을 친다. 올라 있었다. '피곤할 때 잠깐 드는 잠', '=초벌잠'이라 풀어 놓았다. 새 말과의 만남은 언제나 찌릿한 감동이다. 긴 용례가 뒤를 잇는다. '철민이 이제는 그만하고 쉬라.' 고 권했으나 어머니는 초저녁에 아시잠을 한숨 자고 났더니 잠이 오지 않는다면서 그냥 일손을 놓지 않았다. <변희근, 뜨거운 심장> 세 권을 쌓았는데 중간에 있어 맨 아래로 내려앉은 것을 꺼내 보고는, 제자리를 잡아 준다고 두 손의 노고를 끼쳤다. 책의 몸은 그냥 비만이 아니다. 몸집과 체중은 짐이 아니고 신뢰의 표상이라는 느낌이 든다. 같은 '두산동아' 발행이면서 중사전과 대사전의 차이가 이렇다.

아잇적 게으름이 아직도 허물을 벗지 못했는지 한겨울 이불 속에서 빠져나오기가 어렵다. 읽던 책은 손에서 내려놓았는데, 몸은 이불을 밀쳐 내지 못한다. 그래도 그예 무 뽑듯 몸을 겅중 올리는 힘이 발동한다. 등단하며 '초심을 잃지 말자.' 한 표방은 지금도 끗이 살아 있긴 한 모양이다.

메모한 어휘들을 한데 모으고 싶어 소책자로 낸 것이 『문학작품 속의 어휘 500選』이다. 문우들에게 우송하던 일이 잊히지 않는다. 그때 저명 평론가 K가 한 말이 귓전에 생생하다. "좋은 생각입니다. 글 쓰는 이들에게 작지 않은 도움이 될 것 같은데요."

밖에 나갔을 때는 메모가 쉽지 않다. 비행기나 버스, 지하철을 탔을 때, 혹은 대합실에 있을 때. 메모 수첩이 없으면 난감하다. 그럴 경우에도 변통은 있다. 신문 광고란의 여백을 뜯어낸다. 그렇게 적어 놓은 쪽지들을 미처 수첩에 올리지 못하고 덕지덕지 풀로 붙여 놓았다 옮겨 적은 게 한두 번이 아니다. 수첩에 옮겨 적게 되니, 외려 그게 우연찮게 복습 효과로 이어진다. 날로 감퇴되는 기억력의 보완에 기여하는 일이 되고 있으리라.

비단 명구와 어휘에 국한하지 않는다. 작품의 월평 혹은 유명 비평가의 작품 평이나 문학에 관한 담론, 신이론 같은 것들도 내 메모 수첩을 살찌게 하는데 빼놓을 수 없다. 장복하는 영양소들이다. 주식에 못지않은 종합비타민제인 셈이다.

천성이 부지런이라 자임하는데도 반드시 그렇지 못하다. 깜빡 잊고 놓친다든지, 콧바람 쐬듯 지나쳐 버린 것은 왜 없겠는가. 놓치고 지나치는 것까지 잊고 넘겼다가 아차 하는 일이 적지 않다. 망각했던 일이 어느 기회에 재생돼 나타나 나를 약올린다는 얘기다. 설령 종주먹을 들이댄다 해도 괜찮은 게 이 일이겠다.

불망기不忘記, 그것은 침몰해 가는 내 기억의 보완 장치다. 숫제 메모광이 돼도 상관없다. '狂'은 '狂氣'로 문학에 혼불을 지른다는 의미 아닌가 한다.

요즘 유명 칼럼니스트 이규태의 『이규태 코너』를 탐독 중이다. 1980, 90년대의 사회상을 풍자로 꼬집거나 일정 틀에서 풀어 낸 글들에 푹 빠져든다. 보도, 비평, 계도, 교양 같은 신문의 보편적 기능에 충실하고 있어 그 시대를 관류하는 글들이다. 읽으면서 밑줄을 치고 있다. 732쪽이나 되는 두꺼운 책인데, 읽고 난 다음 불망기에 합류시키려 한다. 이것들을 모두 담으려면 오른손 중지에 굳살이 박일지 모른다.

읽으며 밑줄 친 것들을 옮겨 적으며 다시 읽게 되니, 두세 번 반복해서 공부하는 효과가 있을 것이다. 메모는 즐겁다. 그래서 한다. 행위의 밑바닥에 내 원이 깔려 있다. 대표작 한 편이 있어야 한다는 그것이다.

정글의 포식자가 사냥하듯 말 하나도 성의를 다해 포획하고 싶다. 때로는 거미가 허공에 촘촘히 집을 쳐 눈 번득이며 기다리듯, 먹잇감을 놓치지 않으려 한다.

굵직한 실선으로 머릿속에 망각곡선이 뜬다. 기억 속에서 망실돼 버리지 않게 가끔 불망기-내 어휘의 방을 들락거려야겠다.

오늘도 신새벽, 대궁에 이슬 맞고 대롱대롱 찰나로 걸린 말 하나 낚아채니 흐뭇하다. 회심의 미소를 머금는다.

언어 수용소

종종 만난다. 이에 더할 소중한 만남이 없을 것이다.

책을 읽다 좋은 구절이나 탐나는 어휘를 만나면 메모하는 습관이 있다. 미학적 욕구를 충족시켜 주는 그런 것들을 그냥 지나치지 않으려 매번 긴장한다. 유명 작가의 문장은 속속들이 파헤치는 편이고, 무명의 문장이라고 해서 소홀하지 않는다. 오히려 무명에게서 뜻밖의 보물을 얻어내는 수가 적지 않다. 깊은 산속에 수줍게 피어 있는 들꽃을 우연찮게 만났을 때, 속기에 물들지 않은 데다 표현이 집중적이고 착상이 신선하매 넋을 잃게 된다.

처음엔 연필이나 볼펜으로 밑줄을 긋다 은연중 메모로 바뀌었다. 밑줄은 책을 지저분하게 해 저자에게 미안한 일이고, 다시 읽을 때 어수선해질 우려가 있어 아예 수첩에다 적기로 한 것이다. 오래되면서 메모 수첩이 여러 권에 이른다. 예전 금융계나 대학교, 기업에서 나오던 '다이어리'가 내 메모 수첩이 돼 주었는데 지니고 다니기에 편했다. 한 해에 두세 권을 썼다.

메모해야 할 것을 놓쳐 버릴 경우, 아쉬움이 오래 여운으로 남는다. 공감을 넘어 내게 자극으로 오는 종합비타민제 같은 것들이다. 메모해 놓고 중얼거리며 몇 번 반복해서 읽는 경우도 있다. 나보다 앞선 문장이라는 생각이 압박해 오는 수도 있지만, 초심으로 돌아가 그런 강박감 따위는 즉시 떨쳐 내려 한다. 나는 문장에 관한 한 시새워하지 않고 순연히 받아들이는 데 비교적 길들여져 있다. 같은 사물을 대상으로 했으면서도 그 표현은 얼마든지 다를 수 있지 않은가. 직설이든 묘사든 우의적이든 서정이든 서사든 차별하지 않고 좋은 것은 영양소로 흡수하려 활자의 숲을 헤치고 다닌다.

메모가 누적되면서 한 권, 두 권 메모수첩이 쌓인다. 이사를 하다 보면 우선 소각하게 되는 게 이것들이다. 몇 권이 쌓이면 무게가 만만치 않아 버리는 게 상책이다. 그냥 보관하고 있었으면 아마 내 손자녀석과 키 재기를 했으리라.

두 해 전, 서부 유럽을 여행하면서 8박 9일 동안 메모한 것이 큰 수첩 한 권 분량이었다. 여행은 한 권의 책을 읽는 것이라 한다. 고작 책 한 권 읽는 것에 불과한 짧은 여정을 헛되이 날려 보낼 수는 없는 노릇 아닌가. 보고 듣고 겪기도 했지만, 이르는 곳, 만나는 경물마다 가이드에게 물어 가며 기록했다.

특히 그곳의 문화와 관습에 천착하려 했다. 모르는 것은 눈에 보이지 않으므로 자연 묻게 되는 법이다. 아는 만큼 보인다는 말은 답사만이 아니라 여행에도 통하는 말이었다.

컴퓨터 책상 아래 한 칸에 메모 수첩이 도열하고 있다. 모두 열네 권. 아직 덜 채워져 꺼내 쓰는 것은 두어 권뿐. 그중에 유럽 여행 메모 수첩도 끼여 있다. 메모를 충실히 했기로 기행문을 서른 편 넘게 쓸 수 있었다. 메모하지 않았다면 그대로 유실되고 말았을 것을 글을 쓰면서 절실히 느꼈다. 여행의 기록이 단순한 기행문이 아닌, 기행수필이 되려면 문학성이 있어야 하고, 그러려면 여행에서 만난 사물과 도시와 사람에 대한 인문학적 접근이 따라야 한다. 메모 없이 되는 일이 아니다. 메모에 열중해 기행수필 여러 편을 탄생시켰으니 본전은 뽑은 셈이다. 책 한 권이나마 제대로 읽은 게 아닌가 한다.

책을 읽으며 메모하는 것은 사소하거나 소소한 일이 아니다. 한 작가가 쓴 책 속의 구절이나 문장에 대한 전폭적 지지를 구체적인 행위로 보이는 것이라 할 수 있다. 이를테면 서정적 환기 장치이거나 지적 포만감에서 오는 공감대의 확산 혹은 열락과 환희의 경계를 드나듦일 것이다.

어떤 메모는 수첩에 적어 놓고도 다시 읽으며 빨간 볼펜으로 밑줄을 치기도 한다. 저인망으로 나포해 일단 수첩에 가두어 놓았지만 무언가 불안해서다. 지적 빈곤감이 고개를 쳐드는 순간인가. 수용소의 잠금장치를 임의로 풀고 탈주해 버릴 것 같은 심리적 불안감이 엄습해 오는 것이다.

설렁설렁 넘기는데, 최근에 메모한 '어느 미술가의 말'이 다시 눈길을 붙잡는다. "설명을 시작하는 순간, 색의 이미지는 사라지고 남는 것은 마치 다채색 나비가 벗어던진 애벌레의 껍질처럼 화려한 컬러는 사라지고 의미 작용의 무채색만 나풀거린다."

명문이다. 수필을 쓴 지 스무 해가 넘었는데도 내가 이런 문장을 쓴 적이 있었는지 자신의 문장을 돌아보게 한다. 내 글 속에 인용하면서 누구라고 이 명문의 주인공을 밝히지 못하는 점 송구스럽다. 메모할 때 출처를 확실히 해놓지 않은 부주의가 이런 무례를 저지르고 있으니 민망한 일이다.

나는 언제부터인가 내 메모 수첩에 '언어수용소'라 이름을 붙이고 있다. 넘길 장이 없이 꽉 차면, 표지를 닫으며 그 이름 속으로 몰아넣는다. 교도소는 너무 무겁고 우울해 조금 밝고 가볍게 해주자 한 이름이 수용소다. 책을 읽을 때마다 내 임의로 고르고 뽑아다 수첩 한 권, 한 권에 가두어 놓으니 영락없는 수용소가 아닌가.

이따금 무겁게 닫힌 수용소의 문을 열어 바람을 들이고 볕을 쐬곤 한다. 갇힌 지 오랜 것일수록 민감한 반응을 보인다. 내 기억에서 지워졌을 것을 알아차렸을 테다. '아, 이런 구절도 있었구나. 그래, 이런 거였어.' 다시 터져 나오는 찬탄의 소리가 마침내 목울대를 울린다.

심신이 긴장을 놓아 버리는지 책을 읽는 데 나태한 요즘이다. 집중력이 떨어지면서 책을 펴고 앉아도 쉬이 삼매에 이르지 못한다. 그래도 책을 대하고 있으면 으레 메모 수첩이 옆에 나앉는다. 빨강 파랑 초록, 사색 볼펜이 빛깔을 덧칠한다. 색깔이 들어가면 무겁게 가라앉아 음침한 수용소가 한결 밝아진 느낌이 된다. 아침 물안개 빛 파스텔 톤의 내 취향이 현란한 다색으로 변신했으니 알고도 모를 일이다.

세상의 모든 작가는 한때 무명이었다. 메모 습관으로 글쓰기에 대한 욕망을 움켜쥐어야 한다.

볕 좋은 오후, 내 언어수용소의 문들을 활짝 열어 오랜만에 볕을 쐬어야겠다.

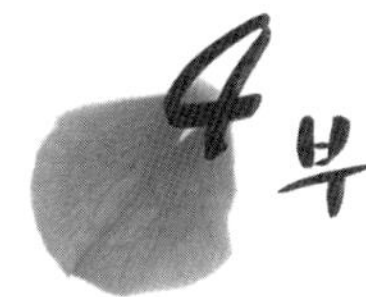

4부

응시

한 장의 사진이 감동을 주는 것은 시간의 힘이다. 사진 속의 시간은 곧 사진가가 머물렀던 시간이며, 그 사진의 장소에 사진가는 나타나지 않지만, 그때 사진가는 그 장소를 응시하고 있었다는 것이다. 남겨진 사진은 바로 사진가에 의해 가치 평가된 응시의 결과라고 한다.

이 말을 문학 쪽에서 보아 한 편의 시, 한 편의 수필이 시인 수필가 자신의 감동을 넘어 독자에게로 파급됐다면, 그것은 온전히 응시의 힘이 될 것이다. 시인 또는 수필가는 쓰기 위해 그 한 세계를 바라보았고, 또한 대상을 응시하고 있었다. 그것은 국부적이면서 선별적이지만 복합적이고 총체적인 시선이다. 시간과 공간의 제약에서 벗어날 수 있을 때, 시공을 초월한 자기 응시가 시를 쓰게 하고 수필을 쓰게 할 것이다. 문학은

이를테면 선택된 응시의 시선이 만들어낸 성과물인 셈이다.

소재의 빈곤을 느낄 때, 갈증 속에 나는 사물에게 눈길을 보낸다. 두 눈으로 보기보다는 한쪽 눈에 초점을 맞춰 실눈을 하고 대상을 바라보는 습관이 있다. 사시斜視의 시선은 아니다. 사격수가 혹은 사냥꾼이 움직이는 표적을 향해 정조준할 때가 그러한가. 대신 다른 한쪽 눈은 그동안 바라보는 것에서 유보된다. 떠 있되 보지 않는 휴식과 기다림의 눈으로 머무른다는 뜻이다.

한쪽 눈으로 본다고 사물의 반쪽만을 보는 게 아니다. 보다 깊이 그 심층을 들여다보기 위한 길들여진 장치라고 보아야 한다.

안경을 낀 것하고는 별개다. 안경은 시력 보완의 방편에 지나지 않다. 한 눈으로 바라보는 내 시계에는 일상에서 늘 보던 사물들이, 껍질을 벗어가며 나신裸身으로 다가온다. 꿈틀거림, 뒤척임, 일렁임, 굽이침, 들끓음, 용솟음, 번짐, 휘감음, 드러냄, 흐름…. 육안이 아닌, 실시간 마음의 눈에 비친 대상의 풍경들이다. 표면을 보는 것이 아니라 내면에 시선이 가 닿는 것이고, 겉도는 게 아니라 속내를 보는 것이다. 그제야 오관이 열리면서 그것들과의 본격적인 소통과 통섭이 이뤄지기 시작한다.

이른 아침에 와 반나절을 울다 가는 휘파람새의 소리가 별나게 맑은 날이 있다. 그것은 날씨가 아니다. 응시다. 응시의 시선이 낭랑하고 선연할 때 새소리도 촉촉해 희망이고 기쁨이다. 시각이 청각을 끌어들인, 공감각적인 수용에 자신도 놀라곤 한다.

응시의 시선이 대상과 눈 맞출 때, 시나 수필이 내게 말을 걸어온다. 순간, 나는 문학이라는 기제를 통해 세계를 바라보는 희열을 만끽하게 된다. 자기도취가 아니라 응시의 섬세한 반응이고 반향이다. 세계 인식의 공간이 그렇게 열린다.

글을 쓴다는 것은 자기 응시를 통한 환기喚起된 환경 속 자신과의 조우다. 그것은 때로는 숨 막히게 온다. 그럴 즈음, 간혹 조갈燥渴을 느낄 때가 있다. 시간으로 하면, 그것이 절정일 때가 새벽녘이다. 그러면 비몽사몽 속에 잠과 현실의 경계를 헤매게 되고, 뜻밖의 고통이 그 즈음해서 온다. 쉬이 통제되지 않는 고통이다. 지속되면서 그 시간이 길다.

전에는 빛을 한곳에 모으지 못했다. 젊은 혈기가 빛의 분산을 불렀을 것이다. 빛을 흩어 놓고, 그 흩어진 빛을 찾아 나서려 했다. 이국취향, 미지나 이상에의 동경, 미래지향의 꿈이 다 그런 것들이었다. 타고난 성정하고 관계없이 그런 성향들이 넘쳐 편집偏執으로 나타나기도 했다. 젊어서 감성의 지나친 분출을 안전망 속에 가둬 놓으려 짐짓 이성이 그랬을 것이다.

그런 감정의 기복을 경험한 뒤, 샘물 같은 기쁨이 출렁인다. 덕분에 문제의식이 깨어난다. 그것은 깨어나 세계에 대한 하나의 해석을 낳는다. 인생의 새로운 발견이다. 거기에서 나타나는 표현의 문제, 미학적 가공 과정, 진지한 철학적 고민 같은 것은 부수적인 것에 불과하다 해도 상관없다. 수필을 시와 접목하려는 시수필적詩隨筆的 시도는 이런 곡절 속에 이뤄지는 작업의 일부이다.

나는 방에 앉아 창밖을 내다보다 암담함을 느끼면 마당으로 내려선다. 무의식이 등을 떠민다. 밖을 바라보기 위한 창窓의 확산이다. 어떤 경우에도 대상을 향한 응시는 유연하다. 어느 한 부분에 국한될 수도 있다. 하지만 시나브로 그것은 사위로 확대될 수 있어야 한다.

눈이 고단하면 마당의 작은 숲을 응시한다. 풍덩 초록으로 빠져드는 순간, 눈길이 이내 싱그러워진다. 숲처럼 매력적인 것도 드물다. 숲에서 펴낸 초록이 온몸을 푸르게 하는 힘으로 불끈 솟는 그 강직함, 수용과 진행의 역동적인 기운 그리고 그 뒤의 아우성.

결국 내 시와 수필은 응시의 소산이다. 그래서 글을 쓸 때, 대개의 경우 나는 몰입하게 되는지 모른다.

거미집 읽기

거미가 허공에 집을 짓는다. 지금 나는 그 현장에 있다. 하도 신기해 장승처럼 서서 거미가 축조한 건물의 안팎을 상상한다.

원목으로 기둥을 세우고 도리와 보와 종도리를 올린다. 다음으로 대들보를 얹고 서까래를 걸친다. 들보와 맞물리게 기둥 사이를 건너지른 뒤 위에다 얹는 도리가 서까래를 든든히 받쳐 준다.

놀랍다. 꼼꼼하고 세밀한 건축술이다. 완벽하다. 허술한 바람벽 하나 없는 공중에서 강풍에 남사당패 어름사니로 흔들거려도 쉬이 무너지지 않을 견고한 시공이다. 참 실하다. 문짝 하나 달지 않고 사방으로 열어 허공으로 확 뚫린 한 생명의 생존 거점.

거미집은 건축 중의 명품이다.

투명한 직조의 세공, 가느다란 실오라기들이 짜나간 안팎

따로 없이 꿰차 엮은 묘리, 세계를 향한 탁 틘 공간 확보의 섬세한 궤적. 표면적을 넓히면서 영락없이 잠자리 날개 무늬를 빼닮았다. 거미 그 녀석, 혹여 모방의 귀재는 아닐까. 어느 뒤에 숨었다 다들 삼든 밤 남몰래 복제했을지 모른다. 흔들흔들 날아오르는 날개, 그리하여 우화등선하듯 날개를 달아 붕 뜨는 거미의 자유자재한 운동감.

녀석은 나무와 나무, 풀과 풀, 벽과 벽 서로 간을 묶어 놓는 천부적 재능의 기능보유자다.

그새 집이 완성됐다. 마감재는 언제 붙여 놓았나. 정으로 쪼고 대패질하고 못 박는 소리 한 번 들리지 않았는데 일을 완결했다. 서둘러 준공하느라 밤을 새운 모양이다. 땅과 나무와 풀과 벽과 허공, 어디를 훑어봐도 나무 조각 돌 쪼가리조차 흩어져 있지 않다. 지저깨비 하나 용납지 않는 깔끔한 마감이다. 거미집이 7월의 햇살 아래 반짝거린다. 이따금 건들바람에 흔들리며 기분 좋게 그네를 탄다.

나른한 오후다. 후드득 지나는 소낙비에 목축이더니, 거미 녀석 벽 한쪽에 몸을 숨긴다. 본능으로 잔뜩 웅크려 앉았다. 이제부터 그의 생존이 시험에 든다. 원심에 흩어졌던 눈이 구심에 모아졌다. 원점이다. 원점을 향해 응시의 눈이 본색으로 번득인다. 표변한다. 거슴츠레한 눈자위에서 쏘아대는 포식자의 매서운 눈초리.

해냈다. 반나절을 기다려 나비 한 마리 걸려들었다. 흰 날개에

다갈색 점박이 이따금 마당에 오던 작은 나비, 낯익은 길목 좋은 볕에 흥얼대며 바람에 실려 오다 덫에 걸렸다. 횡재다. 백주의 포획. 대칭이 가지런한 양쪽 날개를 파드득파드득 떨고 있다. 단말마의 비명이 이어지지만 끝내 구원의 손은 내리지 않는다.

얼마나 기다렸나. 화르르 달려드는 거미. 꽁무니에서 실을 뱉어 가며 포획물을 친친 결박한다. 올올이 천을 짜내어 나비를 이중삼중으로 싼다. 늘 최선을 다하는 습관적 사냥술이다. 최후의 마감손질 뒤, 포식자는 찬찬히 입질을 시작한다. 한 생명이 지워지며 잠시 적막이 감돌 뿐, 달라진 것은 아무것도 없다.

아무 일도 없었다는 듯 거미는 다음 동작에 익숙하다. 전후 한 치 어김없는 이음새다. 반사 신경이 도로 검속의 자리로 데려다 앉힌 것일까. 똬리를 틀고 다시 번득이기 시작하는 포식자의 눈. 그렇게 일상 속으로 가라앉는다.

그의 집은 단지 거소가 아니다. 먹고 살기 위한 생존의 전초기지다. 그렇게 거미의 생존 방식은 매우 단조하다. 다만 거미에게 존재는 자체로 가치 실현이다. 오늘도 그렇게 한 생명으로 존재하고 있음이 증거다.

거미집 만한 언어의 집 한 채 짓고 싶다. 녀석처럼 전문성도, 천재성도 없는 나는 그가 하지 않는 설계부터 꼼꼼하게 하리라. 다음으로 천방지축 소재를 찾아 헤매고 그것에서 의미를 캐내는 창의적 사유에 몰입할 것이다. 그런 연후, 안락한 건축에 합리를 추구하려 할 것이다. 그러고 나면 내 상상의 쾌적한 공간에 햇빛 잘 들고 바람 잘 통하는 수필 집 한 채 올리는 수 있을런가. 그게 여의할까.

투명한 정서를 쪼고 다듬은 언어로, 대들보에 서까래 걸어 가며 이왕이면, 언어의 탄탄하고 아름다운 조직으로 내 작품 한두 편 집으로 올려놓았으면 한다. 자연을 모방해 예술이다. 간간이 거미집 앞에 서서 그가 짓는 설묘한 건축의 이치를 훔쳐보기도 하겠거니와.

그게 욕심이라면 오래전, 문학에 발을 놓던 그때의 초심으로 돌아가 다시 시작하고 싶다. 이번에는 욕심을 잊고 심신을 담가 글쓰기에 매진하면 어떨는지. 당장 성과가 없더라도 상관 않을 테다. 그냥 쓰는 것만으로 즐거운, 내가 쓴 글을 읽음으로 감동인 그런 날들 속에 나이를 먹어 가면 되지 않을는지.

평생 언어 속에 살고 싶다. 그리하여 기어이 거미집만 한 집 한 채 올리고자 한다. 약간의 하자는 있어도, 세상에 내놓아 손색없을 그런 조그마한 내 언어의 집.

구원의 날갯짓

요즘 내 글쓰기는 숨 가쁩니다. 오르막도 내리막도 가팔라 숨 가쁩니다. 적어도 그런 형국이고, 그것은 내게 던지는, 풀지 않은 채 책상 서랍에 담아 두는 미완의 숙제처럼 돼 있습니다.

삶이 규칙에서 크게 벗어나지 않아 다행히 평온한 날엔, 나는 새벽 두세 시에 깨어납니다. 전날 아홉 시 경에 잠자리에 들어 그 시간이면 여섯 시간을 수면 속에 잠겨 있는 셈이지요. 한데 실은 그 여섯 시간이라는 잠의 시간이 매우 불규칙합니다. 자다 깨다를 여러 차례 반복하니 잠이 잠 같지 않습니다. 질로 따지면 몹시 불량한 등외품에 해당할 것입니다. 깰 때의 개운함이 없으니 문제가 있는 잠인 게 맞지요.

그래도 아직 몸 어느 부위가 크게 잘못 되지는 않은 것인지 특별한 적신호를 보내오지 않거니와, 또 별다른 지시가 떨어지지도 않습니다. 그런 걸 보면 일흔의 나이에도 아직 그런 대로 끌고 다닐 만한 것 같습니다.

그래도 불면으로 뒤척일 때면 나를 넘어서지 못함에 말을 잃습니다. 일단 이상한 징후라 진맥해 놓고 놀라기도 하고요. 젊은 날의 방황과 고뇌로 회귀하는 것은 아닌지 당혹스러운 게 사실입니다. 제 몸 하나 제대로 건사하지 못한다면 누가 나잇값 한다 하겠습니까.

자신이 영 마뜩지 않고 미욱하기 그지없습니다. 미욱함이 어느 지경에 닿으면 미혹해지는 것은 아닌지 혼겁이 납니다. 미욱함과 미혹함은 접경이라 까딱하다 넘나들기도 하는 모양입니다. 미련하고 어리석으면 갈팡질팡 헤매게 될 것이고, 종국엔 삶이 뒤죽박죽이 될 것이라는 얘기가 설득력이 있어 보입니다. 둘을 동류항에 놓아서 안되는 것을 모르지 않지만, 어쩌다 그런 몽매함 속으로 한쪽 발을 들여 놓게 됩니다. 그러면서 글 몇 줄 쓴다고 하려니 쑥스럽군요.

내 글쓰기는 거의 매일 이뤄집니다. 신새벽에 일어나면 자장에 끌린 것처럼 창을 열어 놓은 뒤 안두에 몸을 놓습니다. 와락 밀려드는 바깥 바람이 나를 다시 흔들어 깨웁니다. 반사적으로 노트북을 열고 자판 위에 손을 얹습니다. 잠자리에서 소재를 만나려 버둥거렸던 터라 선뜻 글의 들머리를 열 재간이 없는데도 그러고 있는 나를 발견하고 놀랍니다. 이 무슨 광기인지요. 그게 시든 수필이든 그 시간에 도입의 첫 줄에 물꼬를 대려는 것이지요. 죽이 됐든 밥이 됐든, 시골에서 토담집 짓기 위해 마당에 돌 한 덩이 끌어다 놓는 격이 돼도 그렇게 가야만 합니다.

그런다고 그게 곧바로 건축으로 이어지는 것이 아님은 변명의 여지가 없는 일이지요. 그때부터 나는 끙끙대며 앓아야 합니다. 이건 형벌입니다. 육신의 아픔보다 더한 것이 정신의 생병입니다. 딱히 아픈 데를 짚어 내지 못하니 문제가 심각한 것이지요. 거의 열 받는 수준입니다. 점차 안절부절못하게 돼 가기 일쑤입니다. 그러다 꼬투리가 잡힐 때의 희열이란 말로 다하지 못합니다.

이 무렵, 시는 길어 스무 행인데 두어 시간의 고투 끝에 윤곽을 드러냅니다. 수필은 잘 풀려서 서너 시간입니다. 물론 초고이지요. 소재가 아포리즘이거나 장편掌篇 감일 때는 훨씬 시간이 줄어들기도 합니다.

바로 이때입니다. 자판에서 일단 손을 떼면서입니다. 내 손이 무슨 힘에 끌렸는지 갑자기 무릎을 탁 칩니다. 몸속의 세포란 세포들, 비몽사몽이던 것들까지 이 홀연한 파열음에 소스라쳐 깨어납니다. 팔딱거리는 감성의 인광燐光에 눈 비비며 감격하는 그것들, 끝내 환호성을 내어지릅니다. 내 글의 첫 번째 독자는 '나'입니다. 내가 감동하고 있는 것이니까요. 어깨 들썩이며 나는 방안을 배회합니다. 이런 뒤의 여운은 한나절로 이어져 하는 일들에 신명이 납니다.

이런 순간이라도 있어 내 글쓰기는 지속되는 것일 터입니다. 등단해서 스무 해, 이 퍼포먼스는 고작 몇 번에 불과합니다. 그래도 그런 순간을 기다리며 글을 이어 오고 있다 해야 될 듯합니다.

이런 우여곡절에 싸여 나는 오늘도 글을 쓰고 있습니다. 시와 수필을 오가며, 그것은 매일 내가 하는 일, 내 삶의 핵심이라 하며 이끌어 갑니다.

간간이 내게 질문을 던집니다. '그렇게 써서 무얼 할 것이냐. 또 양산하는 그 많은 글들은 무슨 의미이냐.' 내게서 자답이 떨어지지 않습니다. 이유는 자신도 뜨악한 눈으로 응시하는, 분명 내 안에 도사리고 있을 것입니다. 그쯤 하다 유보해 두기로 합니다. 학생 때 수리에 취약해 풀다 포기한 수학 문제보다 더 어려운 것이니까요.

앙금일 것입니다. 끊임없이 쓰는데도 단 한 켜 걷히지 않는 정신의 밑바닥에 고여 있는 앙금. 아직도 부글거리는 오래된 감정의 지저깨비들. 아무리 쓸고 쓸어도, 온몸으로 닦고 또 닦아도 지워지지 않는 그것들. 나는 이제 그들을 운명처럼 사랑하기로 했습니다. 그래서 씁니다. 쓸 수밖에 없으니까, 쓰지 않고는 못 배기니까 쓰는 것이지요.

만일, 이제 글쓰기를 그만 둔다면 나는 자폐증 소년처럼 꼼짝없이 닫힌 뒤 서성거리다 무너지고 말는지도 모릅니다. 한 번 오더니 다시 오지 않는 새가 돼 버릴 것입니다. 나는 그 새가 텅 빈 내 영혼의 빈 집에 바람처럼 들락거리기를 소망합니다.

나는 목적 없는 글을 쓰고 있을 것입니다. 날개를 달려는 것뿐입니다. 날기 위해서입니다. 그것은 날로 피폐해 가는, 절망하는 내 정신의 구원을 위한 일입니다. 그게 내 글쓰기의 목적에 반듯이 포개지기를 희망합니다.

시든 수필이든 내 글쓰기는 외로운 정신의 구원을 위한 날갯짓이라 합니다. 이상처럼 "날자, 날자꾸나."라 외치며 다시 자판 위에 두 손을 얹습니다.

이제부터 어제까지와는 다른 글쓰기를 하리라 믿습니다. 그것은 내가 아닌, 내 영혼의 일이니까요.

제주를 위한 서설序說

제주는 사철 파돗소리에 귀를 열어 놓은 섬이다. 섬 곧 한라산이다.

산에 올라 공을 차면 바다에 떨어진다는 작은 섬이 아니다. 서울의 세 배, 동서로 난 일주도로를 달리면 바다가 쫓아오며 끝없이 이어지는 길, 제주는 대륙이다.

한라산의 능선 따라 오름(기생화산)들이 어깻죽지를 맞대가며 정겹게 늘어섰다. 산의 양 어깨로 흐르는 오름 풍경이 보는 이의 감탄을 자아낸다.

368개의 크고 작은 오름들이 기기묘묘한 자태로 흩어져 저마다 독특한 존재감으로 앉아 있다. 그들, 곡선과 직선의 배합이 신묘하다. 단순한 선이 섬세한 선과 만나고, 덩치 큰 녀석이 몸뚱어리 작은 녀석을 품는 미덕. 당기고 풀어 주고 풀었다

당기는, 정태靜態와 동세動勢의 어우러짐….

그중에도 용이 누워 있는 모습의 용눈이오름과 성산일출봉과 거문오름은 가위 명품이다. 깊이 들어갈수록 싱그럽고 그윽해 잡다한 세상사를 내려놓게 한다.

섬 중 섬들이 또 눈길을 붙든다. 국토 최남단 마라도와 그 지척의 가파도, 일출봉을 마주해 누운 우도, 비양도, 차귀도와 치자꽃 피는 서귀포 앞바다에 봉긋이 뜬 범섬 · 문섬 · 섶섬. 아침이면 쪽빛 바닷물에 세안해 고운 맵시로 나앉는 섬, 섬들.

자연이 아름다우니 섬에 삶을 부린 사람들도 인정이 덜퍽지다. 제주는 서로 간 한 점 온기를 나누며 정이 숨 쉬는 섬이다.

제주 사람들은 아침에 한라산을 바라보며 집을 나가 해거름에 산을 등지고 돌아온다. 길을 나서면 등 뒤가 한라산이고 눈앞이 갈맷빛 바다, 올레길을 찾는 마니아들이 이 섬을 연모하는 이유다. 섬을 돌다 보면 한쪽엔 한라산을, 또 한쪽 옆구리엔 바다를 끼고 있다. 집에 돌아와야 비로소 산과 바다에서 해방된다.

제주 사람들의 억척스러운 삶, 오랜 세월 속에 척박한 땅을 일구며 인고의 땀이 배고 애환이 뼛속까지 스민 민요와 방언은 그 소중함이 어떤 의미를 넘어 가치다.

제주의 휘늘어진 선, 산과 바다가 뿜어내는 천연의 색이 예술혼으로 승화된다. 추사 김정희가 유배 와 「세한도」를 그리고 추사체를 완성한 산실이 제주다. 화가 이중섭의 소와 게와 아이들에 나타난 선은 헐벗은 가난 속에도 꿈틀거리는 생명력이 일정 질량의 운동감으로 표출된 것. 제주에 왔다 젊음을 섬에 가두고 카메라에 오름을 육화肉化하다 생을 이 바람의 섬에 묻은 김영갑. 그는 제주의 선을 '삽시간의 황홀'이라 했다.

이 섬엔 자기를 굽고, 섬의 숨결을 그리고, 바람의 향기로 차를 빚느라 손품 파는 무명 예인들이 곳곳에 둥지를 틀고 있다. 시프트다운 족들, 귀촌 귀농으로 섬을 천착하며 새로운 가능성에 도전하는 이들이다.

귀양 오는 곳 혹은 태곳적 적막과 무명無明에 묻혔던 망각의 땅 - 변방에 불과하던 섬. 떠나는 제주가 돌아오는 섬, 찾아오는 섬으로 변신했다.

한라산 기슭에서 해안으로 질펀이며 흘러내린 천연의 숲 곶자왈, 하늬에 견뎌 온 억센 나무와 질긴 풀들. 그들이 우려낸 선과 색이 푸근히 감싸 안는 섬 제주.

오늘도 수평선이 제주를 운명처럼 가둬 놓는다. 하지만 섬은 닫히지 않고 미지를 향해 열려 있다. 수평선은 섬을 열어 놓는 꿈의 여로다.

아름다운 거리距離

덤불숲엔 잡목과 잡풀들이 뒤섞이고 헝클려 있다. 낮고 얕은 데다 수많은 식생들이 서로 어깨를 겯고 몸을 포개어 난잡하다.

솔숲은 다르다. 하늘로 쭉쭉 솟은 나무들이 훤칠하게 키를 자랑하며 폼 좋게 일정한 간격으로 서 있다. 사람이 심어 가꾼 인공조림이야 그렇다 치고, 천연의 숲이 그런 것은 감탄감이다. 구령에 따라 오와 열을 맞춘 것은 아니면서도 나무와 나무 사이에 적당한 거리를 유지하고 있다. 또 가지들이 제각각 뻗을 자리를 만들되 옆의 나뭇가지 위로 걸치는 일이 없는 것은 또 뭔가. 선험적인 분별력이 있는 것은 아닐는지. 그러면서 숲을 이뤄 무성한 게 우연찮아 보인다.

무정물인 큰 돌들이 띄엄띄엄 제자리를 차지하며 앉아 있는 모습도 눈길을 끈다. 애초 그렇게 자리 잡은 것이지 사람이

장비를 동원해 앉혀 놓은 게 아니다. 서로 간의 거리가 여백을 만들면서 알맞게 틈을 내고 있다. 조경사의 손이 멋을 부리고 아름다운 구성을 창출한다 하나, 인공이 자연의 솜씨를 따르지 못한다. 저걸 저대로 정원에 들어다 놓았으면 하고 선망의 눈을 번득이게 하는 것이다.

집을 짓는 것인지 개미들이 덩어리를 이뤄 시커멓다. 떼를 지어 흙을 파 알갱이들을 쌓아 올리고 있다. 반나절이 지나자 뻥 구멍이 뚫리고, 언저리에 흙이 둔덕을 이뤘다. 대공사다. 놀라운 것이 있다. 수많은 개미들이 수를 셀 수 없이 움직이면서도 서로 부딪는 크고 작은 교통사고가 없다. 한 덩어리로 엉겨 있는 것 같아도 가지런하다. 강요되지 않은 질서가 그들의 집단적 노역의 밑바닥을 소리 없이 흐른다. 개체 사이에 시종 일정한 거리를 놓치지 않는 것은 놀라운 일이다.

참새들이 마당가에 떼 지어 와 요설을 쏟다 바람결에 놀라 날아오른다. 한순간의 동행을 바라보며 혀를 찬다. 수십 마리가 반사적으로 공중에 뜨는데도 머리 한번 부딪는 녀석이 없다. 하나의 방향으로, 똑같은 속력과 몸짓으로 비상하는 저들 사이에 흐르는 적당한 거리라니. 놀라움을 넘어 신기하기까지 하다.

군집에 이골 난 까마귀에 이르러 경탄을 자아내게 된다. 바람 센 날 공중에 새카맣게 뜬 그들의 비행이 맞바람 받아 몸을 세워 가며 날 때, 전투기의 에어쇼를 능가하는 연출에 눈을 떼지 못한다. 나부끼고 흩어지되 저들 사이에 흐르는 아름다운 거리의 정연함….

사람 사이의 거리는 자연히 되지 않는 것이다. 만들어야 한다. 친구 사이에 싹트는 우정도 일정한 거리를 두어야 깊고 오래 간다. 지나친 접근은 갈등을 낳아 외려 사이를 멀게 할 수 있다. 바라볼 수 있는 여백, 생각할 수 있는 공간을 낼 때 오래 간직할 수 있는 것이 우정이다. 그래서 친할수록 선을 그으라 한다.

연인이라고 예외가 아닐 것이다. 짧은 시간에 활활 달아오르기를 바라서는 안된다. 진정이 의심스러운 경우다. 양은냄비처럼 쉬이 달궈지면 쉽게 식어 버린다. 선을 넘는다는 얘기는 거리를 좁히려는 데 집착한 나머지 저지르는 실수라 할 수 있다. 아낌없이 준다는 것은 마음이고 정신이지 쾌락을 위한 육체의 제공은 아니다. '아낌없이'라는 말은 상대를 자신처럼 '아낌'을 전제한 말이다.

부모와 자식 사이에도 거리를 두는가. 거리를 둔다면 일촌一寸의 간격쯤일 것이다. 그래도 거리는 있어야 한다. 네 것 내 것이라는 소유를 떠나 자신의 삶이라는 구도에서 생각하는 것이다. 어차피 자신의 길을 가는 데 공간이 필요함은 당연하다. 크고 작은 운신 폭이 곧 거리다.

가로등처럼 가로수처럼 인위적으로 설정된 거리는 보기에도 좋다. 한데 그 잘 조성된 거리를 질주하는 차량의 행렬에 눈을 주고 있으면 왠지 불안하다. 차와 차 사이가 아슬아슬하다. 차간 거리를 허물고 겁 없이 달리는 차들의 도도한 흐름은 거리의 안전을 흔들어 놓는다. 특히 고속도로 상의 주행에서 차간 거리는 생명선이다. 거리가 흔들릴 때 일어나는 사고가 추돌, 그것은 대형일 수밖에 없다. 거리를 무시한 끔찍한 결과다.

우리 정원엔 나무들이 밀식돼 있다. 사이사이에 돌도 꽤 많이 앉았다. 셈하고 가늠했던 애초의 거리가 나무들의 생장으로 무너진 것이다. 그래도 저들은 사람과 다르다. 나무와 나무, 나무와 돌, 돌과 돌 사이에 별다른 분쟁이 없다. 좁은 것에 길들여지면서 적응하고 있다.

간간이 가위를 들고 나선다. 전지剪枝로 편한 거리를 만들어 주기 위한 인위적인 손질을 하기 위해서다. 자연은 아니나 자연을 모방한 인공이 정원의 요체라는 터득은 쉽게 만날 수 없는 가치일 것이다.

나뭇가지 사이, 나무와 나무 사이에 내 손이 만드는 아름다운 거리. 뜻밖의 소득이다. 정원에서 거리를 내 주며 인생의 도를 배운다.

완성

브람스가 말했다.

"이 곡은 양식적으로는 분명 미완성이나, 내용적으로는 결코 미완성이 아니다. 두 개의 악장은 어느 것이나 내용이 충실하면서 그 아름다운 선율이 사람의 영혼을 끝없이 휘어잡아 어떤 사람도 감동하지 않을 수 없게 한다. 이처럼 온화하고 친근한 사랑의 말로써 다정히 속삭이듯 매력을 지닌 교향곡은 일찍이 들은 적이 없다."

슈베르트의 미완성 교향곡 8번. 이름 그대로 완성되지 않은 악곡으로 영원한 미완성이다. 2악장까지 완성됐고, 3악장은 단편과 초고밖에 없다. 두 악장으로 이미 할 말을 다해 버려 천재의 직감으로 펜을 놓은 것일까. 불후의 명곡을 작곡해 놓고서 연주하지도, 들어보지도 못한 채 세상을 떠났다는 데 한없는 연민의 정을 느낀다.

인생에, 삶에, 사람 사이 개인 혹은 사회의 모든 관계에서 우리는 완성하는가. 그리하여 완성은 정녕 있는 것인가.

사랑하던 연인이 손을 흔들며 이별하고 있다. 순식간 얼굴에 퍼지는 그늘진 이별의 표정은 완성에 이르지 못한, 어두운 미완의 슬픈 언어다. 완성은 완료시제인데 미완성은 미래완료 현재진행형, 그 진행 시제마저 등을 보이며 돌아서는 게 이별이다. 이별은 슬픔이므로 그 위에 얹혀 미완성은 한층 더 슬플 수밖에 없다.

완성을 위해 애쓴다. 부모는 아이를 키우는 데 진력하며 제 자식의 한 인간으로서의 완성을 손 모아 빌고 빈다. 성장 과정에 기울이는 사랑의 에너지를 이루 셈으로 나타내지 못한다. 하지만 그것만으로 채워지지 않는 게 자식에게 거는 희망이고 기대다. 장성한 자식의 삶을 흐뭇한 시선으로 바라보면서 다시 아쉬움을 주섬주섬 꺼내들어 한숨을 내쉰다. 다하지 못한 게 한둘이 아닌 것에 회오하며, 뒤늦게야 더 이상 어찌할 수 없음을 깨닫는다. 자녀를 완제품으로 만들어 놓으려던 완성에의 꿈이 허망하게도 무산하는 순간이다. 결국 한생애가 미완성으로 막을 내린다.

집을 여러 번 옮겼다. 초가집에서 나고 자라 기와집으로 슬래브 양식집으로. 집 장수가 지은 집을 사들어 가기도 하다 나중에야 직접 지었다. 주택은 건축 양식 중에도 설계에서 시공에 이르기까지 많은 조건들이 고려돼야 좋다. 생활에 편하도록 합리적인 구조가 돼야 하는 것이다. 채광과 통풍, 인체공

학적인 배려에다 정서적 취향에도 맞아야 하므로 우연만 해서 되는 게 아니다. 살다 보면 하자 말고도 적지 않은 흠결들이 속속 불거져 나온다. 준공이라는 말을 쉽게 하지만 결코 완성에 이른 것이 아니다. 불편을 감수하고 불합리한 것도 접어 두고 살고 있을 뿐, 사람의 욕구 탓으로 건축에 완성이란 없는 것 같다.

슈베르트의 미완성 교향곡이 완성이 아닌 이유는 단순하다. 완성할 수 없을 것이므로, 완성할 수 없을 것을 알아 완성하지 않은 것이 아닐까. 슈베르트의 천재성을 번연히 알면서 그의 악상의 세계를 넘보지 못한다. 다만 그가 악곡에서 더 이상 말하면 요설이 될지도 모른다는 우려가 고통스러웠으리라 상상하는 것이다. 미완에는 그만한 아픔이 따를 것이다.

세계적 첼리스트 카잘스, 그는 아흔의 나이를 무릅쓰고 개인적으로 하루 세 시간씩 연습을 했다 한다. '연습벌레', 천재에게 어울리지 않는 별명이다. 어째서 나이도 잊고 그렇게 연습을 하느냐는 물음에 그는 대답했다. "조금씩 나아지는 것 같아서." 첼로의 완성을 위한 그의 집념은 상상을 초월한 것이었다. 그렇다고 첼로를 완성한 것은 아니다.

프랑스의 미술가 베르나르 브네는 끊임없이 새로움을 추구하는 실험 정신으로 정평이 나 있다. 새로운 것을 추구하는 그의 도전 정신은 선(line)에 대한 탐구로 꽃을 피웠다. 1979년 이후 그가 쏟아낸 '비결정적인 선(indeterminate lines)' 연작은 그의 트레이드마크다. 처음에는 직선, 호, 각 같은 수학적인 선에 몰입했지만, 새로움을 추구하는 그의 혁신주의는 그를 점차 규칙성과는 거리가 먼 새로운 길로 이끌었다. 철제 부조와 드로잉은 그런 고뇌의 산물이다.

그의 연작의 시초는 낙서였다. 작업실 구석에 내팽개쳐진 철판 조각을 보고 우연히 영감을 얻었다는 것이다. 그는 수백 장의 종이 위에 낙서를 한 후 그중 마음에 드는 것을 골라 확대 출력했다. 다시 이것을 철판에 붙인 후 가장자리를 잘라냈다. 경쾌한 낙서의 선에 의해 작품의 무게감이 상쇄되는 놀라운 결과물, 선의 예술이 나왔다. 철제 부조가 종이 위에 휘갈긴 낙서에서 출발한 것은 놀라운 예술적 산출이었다. "세잔 그림에 보이는 나무들이 식물학자의 전유물이 아닌 것처럼 수학 기호도 수학자의 전유물이 아니다." 예술의 경계를 확장해 나가야 한다는 그의 목소리엔 울림이 있다. 예술엔 완성이 없음을 에둘러 말한 것이다.

언어 예술인 문학임에랴. 태생적으로 언어는 불완전한 것이다. 불완전한 언어로 매개하는 문학은 그래서 완전을 지향해 목마르다. 시도 소설도 수필도 사물의 본질과 사람이라는 존재, 그 허무의 근원을 탐구하며 궁극에서 완성을 갈구한다.

사막과도 같은 길이다. 만년설에 뒤덮인 설산이며 고봉준령도 마다않고 오른다. 완성을 위한 처절한 싸움에는 끝이 없다. 문학은 연속되는, 완성을 위한 고행이다. 수많은 시인 작가들이 한 생애를 하나의 작품을 완성하기 위해 삶을 불사르고 소실해 갔다. 그 뒤를 다시 문인들의 행렬이 이어지고 있고, 이 행렬은 영원히 끊이지 않을 것이다. 사람의 삶을 완성하는 것을 문학의 책무라 여기는 그들의 숙명적 선택은 숭고한 것일 수밖에 없다.

미완의 많은 것들에 에워싸여 나는 얼마나 완성하고 있는가. 집안 범절에서 내 글쓰기에 이르기까지 하나하나 풀어나가야 할 일들이다. 손이 미칠 수 있는 한도에서 완성을 서둘러 한다. 모두 완성하는 것은 엄두도 못 낼 일. 완성을 위해 노력할 뿐이다.

주름에도 기억이 있다

주름은 섬세하게 써 놓은 개인사의 사료다. 그것만으로 가치가 있다. 지우려 하지 말아야 한다. 시간이 굽이굽이 그려 넣고 기술한 과거요 역사의 현장이며 미래로 가는 표정인데 왜 지우려 안달일까. 주름을 지우는 행위는 개인사의 단절이다. 발상이 불경한 것이고, 자신에 대한 배신일지도 모른다.

의식이 깨어나기도 전에 들어앉는 게 주름이다. 갓난이 얼굴엔 조글조글한 주름이 지천으로 미래의 굴곡진 삶을 예고한다. 살아온 시간이 그 축적물로 층위를 쌓아 놓은 것이 주름이니, 없다면 삶이 없는 사람이다. 시간의 흐름 속에 나이를 먹어 온 사람에게 주름은 경륜이란 듯 뚜렷한 자취를 남긴다.

너나없이 주름을 메우려 야단이다. 압구정동에 가면 성형외과 간판이 줄 서 있는 진풍경을 만난다. 돈 있는 사람들이 우선

투자하는 게 예쁘게 하는 일이니, 알 만하다. 이목구비 어느 구석 고치지 않은 데가 없는 사람들이 사방에 널렸다.

얼굴 가지고 승부하는 탤런트는 선뜻 이해가 가긴 하지만, 심하면 세상에 밉보일 수 있다. 원본을 몰라볼 지경으로 고쳐서야 되겠는가. 사라져 가는 미색을 인위적으로 손질해 얼마간 연장하는 것 자체가 궁상맞은 일이다. 나이 들면 나이에 알맞은 배역을 만나 연기로 말해야 온당하다. 시청자의 시선은 예리하다. 아무리 의술이 종횡무진이라 하나 일득일실인 게 이치다. 얼굴을 뜯어 고치면 본연을 잃는다. 더 고와 보일지 모르나 그 얼굴은 이미 자연이 아니다. 덧씌워진 인공은 오래가지 않아 퇴락하거나 소멸하고 말 것이 뻔하다. 발상 자체가 추레하고 허망한 일이다.

방학만 되면 얼굴 성형한다고 여고생이나 여대생들이 병원에 몰리는 세상이다. 성년의 문턱에서 얼굴의 흠집을 보완하려는 의도를 모르지 않으나 이도 안타까운 일이다. 한창 공부해야 할 학생이 마음이 콩밭에 가 있으니 딱하다. 인생을 세로로 세워 놓고 위에서 아래로 훑어보면 심고 키우고 하며 무얼 할 때가 있음을 알게 되련만 답답한 노릇이다.

나더러 머리 염색을 왜 안하느냐고 눈길을 보내오는 이들이 있다. 고마운 일이다. 귀가 크지 않기도 하거니와 나는 원체 흰 머리에 검정 물감을 덧칠하고 싶지 않은 사람이다. 머리 염색도 분명 위장이다. 위장은 작전 훈련에서나 하는 것이지

평화로운 여염가 정겹게 만만한 사람의 거리에는 '해당 사항 없음'이다. 희어진 그대로, 나이 먹은 표정 그대로 드러내 대놓고 사는 삶이 내겐 좋다.

신문이나 잡지에 글을 실을 때, 내 필자 사진은 최근 몇 년 혹은 몇 개월 어간의 것을 쓴다. 작품집에 사진을 올릴 때도 이 부분에 민감한 편이다. 예순이나 일흔의 필사가 이십 년 전 사진을 싣는 것은 독자를 외면한 처사라는 생각이 든다. 그럴 필요가 뭔가. 더욱이 진솔해야 할 수필의 경우는 다른 장르하고도 다르다.

거울 앞에 선다. 얼굴에 주름들로 골골이 팼다. 질펀한 풀밭은 없고 깊고 얕은 골짝뿐이다. 상하종횡으로, 길게 짧게 굵게 가늘게, 이어지다 끊기거나 대부분 제멋대로 불규칙하고 난잡하다. 내 얼굴이 무얼 끼적거리다 휘갈긴 낙서장 같다. 언제 이렇게 얼크러졌는지, 내 인생인데 내가 풀어내지 못하는 난삽難澁한 지저깨비들이 언제 이리 쌓였던가. 운동감이 느껴지는 걸로 하면 지금도 파고 뻗는 걸 진행하는 모습이다.

그런다고 회한에 빠지지는 않는다. 내가 살아온 삶의 자취인데 주름을 고스란히 내 생의 이력으로 받아들인다. 조금씩 다 다른 무늬와 형태로 누워 있는 것을 왜 구시렁거리며 히죽대거나 딴죽 칠 것인가. 주름을 인생 계급장에 빗댄다. 인생을 한바탕 전쟁을 치르는 것이라 할진대, 싸움터에서 크고 작은 싸움에 밀고 밀리며 이 나이를 먹어 왔지 않은가. 꼼꼼히 들여다보며 해독할 일이다. 무공을 세워 빛나던 순간의 흔적도 보이고, 패퇴하던 날의 절망 그리고 다시 전열을 정비해 승리의 깃발을 뒤흔들던 그때의 감격도 새겨졌지 않나.

때가 됐을 텐데, 아직 얼굴에 검버섯이 돋아나지 않은 것이 아리송하다. 손등에도 팔목에도 그것들이 얼씬거리지 않으니 어느 순간 한꺼번에 오려나. 수상쩍다. 몸이 거부함인가, 하늘이 속도를 조율함인가. 이 또한 내 소관이 아니다. 머잖아 올 것은 오게 돼 있다. 올 것이 다가왔을 때, 문을 열어 놓을 준비만 해두면 되는 게 사람의 몫이다.

아내의 얼굴에도 주름이 진영을 이룬다. 눈두덩과 그 언저리는 주름으로 자욱해 눈을 보내기가 거북하다. 얼마 전, 얼굴에 돋아난 검버섯 제거 시술을 받았다. 그 뒤 무얼 바르고 감싸 가며 자외선을 막고 하는 치다꺼리가 만만찮아 보였다. 방사선으로 쪼아대며 지운 것인데, 효과가 썩 시원치 않은 모양이다. 내 눈에도 좋게 된 것 같지 않아 씁쓸했다.

다행히 아내는 머리에 흰 머리카락이 거의 없다. 칠순의 머리라 하면 놀란다. 집안 내력이라 하는데 이는 다행이 아닌가 한다. 고혈압을 짊어지고 살며 유전자에 야유를 보내는 아내이고 보면 결국 상쇄하는 건 아닌지 모르겠다.

아내는 팔십이다, 구십이다, 장수하는 것을 탐탁해 하지 않는다. 옆에서 내가 쓴소리로 나서면 그제야 빠듯이 그 이전까지라 어물쩍 넘기면서 한소리한다. "치매로 혼미 속을 사는 것, 그게 무슨 삶이냐."

내게 어떻게 해줄 능력도 없거니와, 주름에 크게 낙담하지 않는 아내가 고맙다. 한 길 사람 속은 모른다고 했으니, 혹여 아내가 내게 속내를 내보이지 않음인지 누가 알랴.

주름에 민감한 것은 본능이지만, 얼굴 잔뜩 팼다고 주름에 저주를 보내진 말아야 한다. 스스로 죄를 짓는 일이다.

주름에도 기억이 있다. 젊었을 때를 저상하고 있을 것이다. 주름이 패어도 아내는 꽃이다. 꽃을 바라보노라면 어느새 나도 꽃이 된다.

텅 빈 유년의 집터

1.

저 동산 너머 바다가 와 있었나. 남실거리다 돌아앉아 둘둘 말려가는 물결에 아기의 울음소리 밀려난 걸까. 그 적 아기의 울음소리를 듣고 싶다. 하늘 한쪽 내려앉았을 고고의 성은 어디 갔을까. 한 생명의 탄생을 알리던 소리 들리지 않는다.

흙은 모성이다. 끌어안음이고 생장이고 희망이다. 과거이고 현재다. 언젠가 망각 뒤 다가올 미래다. 내 출생의 소리, 개인사의 시원始原이 흙에 묻혀 있었다. 권태는 아니다. 나는 나이 들었고 흙도 노쇠했을 뿐이다. 소멸을 부정할 수 있어야 한다.

2.

이백 평쯤 될까. 안팎거리 초가 두 채가 있었고 나머지는 텃밭이었다. 짓이긴 흙에 아이 주먹만 한 돌멩이들을 박아 올린 허름한 바람벽의 집. 나는 여기서 나고 자랐다.

낮은 처마 아래 툇마루로 들어서면 투박한 참나무를 잘라 맞춘 조악한 마루, 좌우 양쪽에 방이 하나씩 있었다. 왼쪽 방에 붙어 고방, 오른쪽 방에 잇대어 부엌. 안은 채광이 안 좋아 늘 침침했다. 마루 뒷문으로 나서면 뒤란 장독대에 항아리 몇이 어깨를 겯고 있었다. 아, 저 작은 동산. 봄이면 삘기 뽑던 곳. 삘기의 속살이 살쪄 뽁뽁 뽑히던 소리 보드라웠지. 씹힐 때 나던 어머니 젖내 같은 향긋한 풀냄새. 삘기는 주전부리가 아니었다. 빈 배를 채우려는 본능이었다. 여직도 머릿속에 배곯던 그 시절 가난이 저릿한 기억으로 남아 있다.

고구마 구덩이가 저만치 있었다. 가을걷이한 고구마를 안에 묻어 그것으로 겨울을 났지. 겨울 한낮이 노루 꼬리 만하다고 삶은 고구마 두세 개로 배를 달래던 시절. 한창 크던 시기에 하루 두 끼는 고통이었지. 입에 웬 군침이 그리 돌던지. 꼴깍꼴깍 침 삼키는 소리. 동짓날 하루해가 하짓날 낮보다 더 길었다.

그래, 여기가 마당이었어. 큰물 진 날엔 대천바다가 됐지. 알몸으로 첨벙이다 배를 땅에 대고 맹꽁이처럼 헤엄치곤 했었는데. 빗줄기 새로 스멀거리며 콧속을 후비던, 비 오는 날 어머니 보리 볶는 냄새. 그걸 무쇠솥 뚜껑에서 대충 덖고는 맷돌에서 미숫가루를 빻았지. 대접에 두어 술 떠 넣고 냉수 부어 휘휘 저어 마시던 생각이 나네. 그 웬 단맛이냐 하면, 우리 어머니 사카린 몇 알 탔다 했었지. 사카린, 요즘 아이들에겐 들어 본 적도 없을 그 시절의 설탕.

3.

퉁퉁퉁. 시커먼 사람 두셋이 마당을 질러 서쪽으로 황급히 사라진다. 툇마루 요강에 앉았던 일곱 살 아이가 바지 거머쥔 채 화들짝 방으로 몸을 숨겼다. 산에서 마을을 습격한 밤이었다. 크면서 들었다. 그들을 '폭도'라 했다. 숯덩이처럼 새카만 사람들, 어둠보다 더 검은 사람들이었다.

나는 일곱 살 나던 해에 4·3을 겪었다. 언제는 골목 대엿집에 그들이 불을 놓았다. 옆집 할아버지가 우리 지붕 위에 올라 외쳤다. "왜 사람 사는 집에 불을 놓느냐. 차라리 나를 죽여라. 이 나쁜 놈들아!" 할아버지 눈 속에서 화염이 날름거렸다. 칼끝 같은 눈으로 쳐다보다 사라져가던 그들. 나는 그들을 새까맣게 몰랐다. 정체를 몰랐고 그들이 산에 간 이유를, 왜 마을에 내려와 민가에 방화하고 외양간의 소를 몰고 갔는지를 알지 못했다.

4·3을 말할 때, 왜 죽어 가는지도 모르고 죽어 간 무고한 사람들의 원혼이 지금도 허공을 떠돌고 있다 한다. 신원伸寃이 쉽지 않다. 화해와 상생이 화두다. 그 이상 현명한 귀납이 없을 듯하다. 64년 전 그날 밤, 우리 집 지붕 위에서 소리소리 지르던 할아버지의 붉게 타던 눈빛이 눈앞에 선하다. 퉁퉁거리던 실루엣의 둔탁한 소리가 다시 귓전에 살아난다.

4.

아, 저 집 어귀의 늙은 팽나무. 소년은 나무 그늘에서 한여름을 보냈지. 울대 찢어지게 울어 폭염을 휘어잡던 매미의 울음이 되살아난다. 그늘이 넓고 깊었는데. 거기다 거적 깔고 둥그레 밥상 받고 앉아 읽고 쓰다 낮잠에 곯아떨어지던 아이. 가을이면 녹두알보다 조금 큰 노란 열매들이 닥지닥지 열렸지. 그것 참 맛깔났는데. 우리 나무가 마을에서 제일 열매가 많이 달린다며 자랑자랑했었는데….

집이 헐려도 나무는 있다. 늙어 주름 골이 깊어도 아이가 오르던 그때의 나무는 그 자리에 서 있다. 집이 팔리고 그예 헐린 저간의 내력을 말없이 지켜보아 온 집터의 증언자. 심록의 나무는 오늘도 7월의 땡볕 아래 싱그럽다.

5.

집터가 옷을 벗어 가며 알몸으로 나를 맞는다. 홀연 옛날의 앳된 아이를 보자 흙 알갱이들까지 신명나 들썩이는 모양이다. 해득하지 못할 뿐 많은 말을 하고 있을 것이다. 시간만큼 달라진 짓으로, 특별한 어법으로 말을 하고 있을 것이다.

흙은 어머니다. 시간을 품고 계절을 품고 사람을 품고 인연을 품는다. 기쁨을 슬픔을 만남과 이별을 품는다.

골목에 이웃 지었던 다섯 가구가 하나도 남아 있지 않다. 세파에 부서져 흩어진 것일까. 다들 떠나가고 없다. 할아버지의 아버지 적부터 뿌리박았던 이 흙에서 그 아들인 아버지와 다시 대를 잇는 아들과 손자로 아스라이 세대교체를 일궈 온 사람들, 이곳 사람들 인생의 뒤꼍이 만져지는데도 그들의 종적을 알 길이 없다.

흙은 알고 있다. 수행자다. 구도자다. 다 읽고 음미하고 해석한다. 그러면서도 한마디 말을 마다하는 흙의 말없음. 유구무언이다. 흙은 무심하다.

이 골목에서 구슬치기하고 연을 날리던 그 아이들, 지금 어디 있을까. 기억의 검색창을 클릭하면 뜰까. 뜰 것이다. 하지만 그네들은 그때의 아이들이 아니다. 나이를 먹어 버렸다. 세월 속에 많이 잃고 쇠하고 빛바랬다.

나처럼 가끔 그들도 이 골목에 와 서성이는가. 이곳에 와 옛날의 소년이 돼 보곤 할지도 모른다. 웃기도 하고 혹은 눈시울 붉히리라. 흙의 무심함에 가슴 치며 어머니를 부르기도 할 것이다.

듬뿍 흙 한 줌 쥐었다 흩뿌린다. 옛날 우리 어머니, 갈바람에 콩깍지 까불리듯이. 속절없다.

더덕더덕 검버섯 돋은 늙은 팽나무에 기댔다 걸음을 뗀다 집터에 내 유년이 있다. 말이 없을 뿐, 아직도 그때의 흙이 있었다. 저 언덕 넘어 왔다 산을 넘던 종소리도 분명 있었다. 들리지 않을 뿐, 무심할 뿐. 텅 빈 유년의 집터.

5부

내게 띄우는 편지
이웃에게 하고픈 말
자리
봉희 보살님
어머니는 문맹이었다
숲 있던 자리에
이음매
작은 공간

내게 띄우는 편지

가을 새벽

새벽 세 시. 동창 너머 구월 스무엿새 달이 눈에 들어옵니다. 그동안 많이 소진했어요. 그믐으로 가며 이지러진 달입니다. 하루 이틀 위로부터 먹혀들다 남은 흔적으로 시울이 우묵합니다. 쓰다 남은 쪽박 같군요. 가는 젓가락으로 가볍게 톡 치면 쨍 소리를 낼 것 같습니다. 퀭하군요.

집 앞 보안등이 밤새 어둠을 쫓고 있습니다. 불빛이 대문에 올린 보리수밤나무 숲 우듬지에 고여 반들거립니다. 건들바람에 잔가지들이 작은 너울로 일렁이며, 저항을 몸짓으로 표현하는 모습이 애잔합니다. 얼마 전에 돋아나 생장을 멈춘 연약한 가지에겐 저 바람도 힘겨울 것인데 견뎌 내는 게 야무지군요. 저렇게 바람에 흔들리며 겨울로 갈 것입니다. 바람은 가녀린 생명에게 시련이면서 한편 면역을 키우는 내공이란 생각이 들어요.

마당의 나무들이 어둠 속에 희끄무레한 윤곽으로 존재를 드러내고 있습니다. 가을 새벽 머리 위에 찬 하늘을 이고 선 시커민 실루엣이 비장해 보일 지경입니다.

아침저녁이 제법 쌀쌀하더니 한밤중엔 곧잘 찬바람이 지나는 요즈음입니다. 간밤엔 홑이불 위에 얇은 섯 하날 디 덮고 잤지 뭡니까. 외풍이 심하지 않은 것 같긴 해도 냉기가 스멀거리더니 갑자기 코가 맹맹해 왔습니다. 나무에 비하면 사람이란 얼마나 심약한 존재인지요. 방 안에 다리 뻗고 자면서 이러니 혹한엔 어쩌려는지, 차가운 새벽에도 꿋꿋하게 서 있는 나무들의 묵연함에 할 말을 잃습니다.

낙엽수들을 연민하게 되네요. 단풍나무, 감나무, 느릅나무, 모과나무, 이팝나무, 석류나무, 자목련, 개나리…. 녀석들이 무척 수척해졌습니다. 때를 알아 일찌감치 체념한 것일까요. 잎을 내려놓으려 벌써부터 뒤척입니다. 동쪽 울타리 키 작은 감나무는 계절에 턱없이 민감한 것 같아요. 어느새 헐벗어 잎그늘에 오던 새 며칠째 뜸합니다.

어느덧 시월이 하순의 문턱을 서성입니다. 설악은 이미 숲에다 불을 질렀다 하고, 반도 남단의 한라산에도 단풍이 절정이라는군요. 단풍 기별에 소년처럼 가슴 설렙니다. 너끈히 잡아 한 달이면 낙엽도 낙하와 배회의 한 시절을 마감할 터입니다. 그러고 나면 겨울, 동장군이 주둔군처럼 저벅저벅 얼어붙은 대지를 가로지르며 올 것입니다.

겨울 추위는 매양 날 서지요. 하지만 춥다고 몸 웅송그린 채 앉아 있으면 안 됩니다. 나무들처럼 바람에 흔들려야 합니다. 흔들림은 단순한 습관적 동요가 아닙니다. 몸에 밴 그들 저항의 몸짓입니다. 바람에 흔들리다 저도 몸을 흔듭니다. 바람에 흔들리는 피동이 스스로 흔드는 능동으로의 전환처럼 역동적인 존재 양식이 또 있을까요.

폭설과 강풍에 맞서 서 있는 나무를 애처로워함은 생명에 대한 외경입니다. 하지만 다소간 경계해야 할 듯하군요. 지나친 동정은 어설픈 감상주의에서 나온 사치일지도 모릅니다. 야멸치게 나무들은 자연 속에 한 자연으로 서 있으니까요.

그래도 마음은 나무에게로 기울고 나무는 내게 곁을 내주는데 인색하지 않으니, 겨울은 춥기만 하지 않을 것입니다. 그들에게 보내는 마음을 사랑이라 해야 할지요. 몸을 비비지도, 어루만져 주지도 못합니다. 다만 그윽하게 바라보는 것이지요. 내가 할 수 있는 일이란 그렇게 눈길을 보내다 다가가 몸을 기대곤 하는 게 고작입니다. 상대에게 마음으로 다가갈 때, 서로 간 마음이 움직입니다. 마음으로 마음을 전해요. 생각과 뜻을 말하고 입김을 불어 가며 온기를 전하는 것, 그게 내가 그들에게 할 수 있는 사랑의 유일한 방식입니다.

가을 한철 풍요로움에 휘청했던 것은 아닐는지요. 무얼 완성하려 했는데, 하던 일을 진즉 끝내려 했는데, 아직도 시간이 남아 있을 거라 했는데 아니었군요. 이왕 더는 붙들지 못하지요. 끝머리로 가을이 아주 기울었습니다. 서둘러 떠나는 가을의 뒷모습이 쓸쓸하군요.

한눈팔다 느지감치 발효해 숙성의 시기를 기다리는 일이 있다면 애써 마감해야지요. 시작과 끝에 선을 긋는 게 온당한 일임을 매번 가을이 일깨워 줍니다. 겨울의 문턱에서 자신에게 냉혹해질 필요가 있기도 하고요. 사람의 일도, 계절의 순환도 매한가지입니다.

하현으로 가는 달이 그새 머리 위로 올라와 있군요. 이제 다섯 시, 밤이 길었다 하나 미명은 오래가지 않습니다. 동편에서 빛이 새어 나올 빛을 기다려 나무들도 짐승처럼 기지개를 켤 것입니다. 일찍 깨어나 산을 내린 새들도 날아올 거고요.

언제나 아침을 여는 것은 살아있는 자들의 몫입니다. 살아있다는 명백한 반증이지요. 비단 나무들뿐이겠어요. 가을의 여린 햇살은 살아있는 모든 자에게 여간한 축복이 아닙니다.

다시 정원의 나무들에 눈을 보냅니다. 이제 어둠이 한 발짝 물러서는지 나무들이 희붐한 허공에 모습을 드러내기 시작하는군요. 저들은 떠나는 가을을 아쉬워할 것입니다. 그래서 더욱 가을볕을 즐길 것이며, 지레 겨울을 걱정하는 일은 없을 것입니다. 어간의 여축으로 겨울을 날 뒷심이 있으니까요.

내가 내게 꾹꾹 눌러 가며 오랜만에 편지 한번 쓰고 있습니다. 채근하려고요. 소소한 일에 매여 살지 말라고, 저 나무들을 보라고.

이웃에게 하고픈 말

한겨울인데 눈이 내리지 않아요. 눈이 오면 푸근할 텐데. 아잇적, 자고 나면 눈이 쌓여 안온하던 그 겨울 아침이 그립습니다. 눈이 쌓인 날엔 꺾여 들어간 긴 골목을 헤쳐 고샅으로 나가기가 힘겨웠지요. 정강이가 푹푹 빠지는 눈 속을 헤매다 학교에 가면 첫 시간이 끝나 있곤 했어요. 당황해 하는 소년을 하뭇한 웃음으로 맞아 주던 옛 선생님이 생각납니다.

지구 온난화라는 기상 이변이 제주에 뚜렷해졌어요. 찬바람 나면 축제로 판을 벌이던 모슬포 방어 잡이는 옛말입니다. 녀석들 한류 따라 추자도로 올라갔대요. 오징어도 동해로 옮아갔고요. 간간이 진눈깨비가 내릴 뿐으로 섬에 눈이 아주 드문드문해졌습니다.

그나마 한라산은 설국이지요. 1100고지는 설원이고요. 거기 노루들이 내려와 아이들과 어우러집니다. 초록이 그리운 짐승에게 푸른 풀을 주면 받아먹는 모습이 정겹습니다. 동심은 들짐승마저 녹이는 걸까요. 키득키득 아이들 웃음소리가 내리는 눈 소리에 뒤섞입니다. TV를 보다 문득 타고르의 시 「바닷가에서」를 떠올립니다.

"아득한 나라 바닷가에/ 아이들이 모였습니나./ 가없이 히늘은/ 그림처럼 고요하고/ 물결은 쉴 새 없이 넘실거립니다./ 아득한 나라 바닷가에/ 소리치며 뛰뛰며/ 아이들이 모였습니다."

시인은 우파니샤드-브라흐만과 아트만이 하나되는 범아일여梵我一如의 세상을 꿈꿉니다. 해와 달이 따로 존재하지만, 그 빛은 하나에서 발원하지 않나요. 크고 작은, 두 우주의 합일이지요. 한라산 자락 눈 위에 펼쳐진 아이와 노루의 어우러짐이 바로 그 경계일 텝니다. 이런 꿈같은 세계를 펼치고 있으니, 아직 세상은 그렇게 삭막한 것은 아니라는 희망적인 생각에 마음 들뜹니다.

꿈 하나 갖고 살아야겠기에 가슴 설렙니다. 고단한 몸으로 돌아온 귀갓길이라 해도 자고 나면 어제의 등짐을 부려 두고 대문을 나서는 우리들입니다. 간밤, 생에 단안을 내렸다가도 창틈으로 스멀스멀 아침 햇살이 스미면 가슴 뛰지 않나요. 얼음장 밑으로 강물은 흐르고, 섬을 까불리는 날 선 하늬도 빈가지에 걸린 햇살을 시샘하진 않아요. 추위에 날개 접었던 새들도 숲을 내려 외로운 사람의 그림자에 훗훗한 소리를 퍼뜨린답니다.

눈발 속에 피어난 제주의 수선화는 경이롭습니다. 추울수록 그 향기가 짙으니까요. 천리향이 벙글 채비에 분주한가 하면, 벌써 동창東窓 앞 백매도 꽃 준비에 골몰해 있어요. 고 겨자씨만 하던 망울들이 물올라 봉긋봉긋 부풀어 오른 게 신통하기만 합니다. 자연은 늘 어김없는 선순환구조입니다. 눈 녹아 흐르는 앞개울 물소리에 귀 기울이다 보면 어느새 버들개지 눈 떠 있고, 봄비 한 줄금 뿌리고 지나더니 앞산 너머 구름 한 조각 걷어낸다고 뻐꾸기도 한소리하곤 하지요. 시간의 흐름을 따라 이행하는 염량炎凉의 순차적 진행을 우리는 끝없이 신뢰하며 삽니다.

문제는 사람에게 있어요. 우리는 너무 섬약합니다. 쉬이 버리고 슬퍼하고 절망합니다. 그리고 떠나갑니다. 등보이며 돌아앉는 사람에게 손을 내밀지 않아요. 서로 간 따뜻한 사랑의 마음이 없다는 야속함이지요. 사랑은 마음이라, 신앙 이전에 온기입니다. 미열에도 이마를 짚는 손, 상처를 어루만지고 언 손 잡아 주는 따뜻한 손길입니다. 우쭐대고 거들먹거릴 뿐 하심으로 낮추려 하지 않잖아요. 약한 자에게 등 기댈 의자 하나를 권하는 배려가 아쉬운 요즈음입니다.

온기는 입김으로 퍼집니다. 화선지에 묵훈墨暈처럼 그렇게 번지지요. 그렇다면 내가 가진 작은 것을 남에게 나누는 시선施善은 얼마나 소중한 가치입니까.

나는 얼마 전 구둣방 아저씨 얘기에 추위를 물렸습니다. 지난여름 서울 어느 구청 앞에 한 남자가 박스 하날 놓고 사라졌

대요. 그 허름한 박스는 꼬깃꼬깃 구겨진 돈뭉치로 가득 차 있었다는군요. 그는 다름 아닌 길거리 작은 가건물이 일터인 60대 구두미화원이었습니다. 28년째 남모르게 그 일을 계속해 오고 있었다는 거예요. 그동안 IMF, 카드대란, 금융위기 같은 시대의 격랑을 온몸으로 탔다는 것이지요. "위기 때마다 손님들이 줄어 벌이도 시원찮았지만 첫 손님이 낸 돈을 저금통에 넣지 않은 적이 없어요."

개인 정보 유출로 주소나 이름을 전달 받을 수 없게 되면서 직접 돈을 전하지 못하자 구청에 기부하면서 세상에 알려졌다는군요. 어떻게 오랜 시간 이런 일을 할 수 있느냐는 우문에 나온 현답이 심금을 울립니다. "이 돈은 내 것이 아닙니다. 그냥 커피 한 잔 덜 먹고 주면 되잖아요." 그는 상상의 세계에나 존재하는 하얀 드레스를 입은 천사가 아니었어요. 구두약으로 손이 검댕처럼 까맣게 칠해진 구둣방의 아저씨였습니다.

그에게서 꽃보다 더한 향기가 났습니다. 깊은 골짝 비탈진 자드락에 피는 꽃이 향이 더 은은하고 짙지 않나요. 고난 속에 핀 꽃이기 때문입니다. 세상은 생각보다 야속하지 않군요. 그을음 앉은 흙벽에 걸린 시골집 푸른 등잔불만 한 빛은 어디에도 있을 것 같아요. 사회가 메마르다 하나 그렇지 않습니다. 푸우 하고 뿜어 촉촉이 눅여 주는 는개가 사람의 숲을 싸고 있지요.

우리는 허투루 세상을 향해 비아냥대거나 함부로 어깃장 놓지 않아야 합니다. 사람을 그리워하는 마음은 사람 사이에 피어나는 꽃입니다. 사람의 마을에 피어나는 한 송이 꽃이 그리운 세상입니다.

나는 지금 눈 감고 타고르의 시 『바닷가에서』를 나직이 읊조립니다. 시는 연상으로 다른 시를 부릅니다. 『동방의 등촉』으로 옮아가 있어요. 일찍이 "아세아의 등촉이던 코리아, 그 등불 다시 한 번 켜지는 날에 너는 동방의 밝은 빛이 되리라"

끝없을 것 같던 어둠 속 긴 터널도 끝이 보입니다. 춥고 음울한 겨울 너머엔 봄입니다. 봄을 기다리는 자에게 그예 3월은 올 것이며, 정원엔 목련이 수백 송이 순백의 꽃을 터트릴 것입니다. 지등으로 세상을 밝힐 꽃들이지요.

자리

온라인에 뜬 그림 하나를 보고 있다. 통도사 수좌 성파 스님이 그린 연蓮 그림. 자그맣게 올린 것인데, 원색이 하도 선명해 꺼내어 실경實景 그대로 작은 액자에 넣어 벽에 걸고 싶다. 멋대로 확대해 보니 속엣 움직임이 의식의 한 자락을 물고 늘어진다. 화승이 그림 속에 숨겨 놓은 오묘한 뜻이 녹아들면서 입안에 설설 침이 끓는다.

불가에서 연꽃은 깨달음을 상징한다. 초기경전『스타니파타』에는 '진흙에 물들지 않는 연꽃과 같이'라 빗댄 구절도 있다.

"연꽃은 물속에 있어도 물에 젖지 않습니다. 우리의 자성自性도, 심성心性도 탁한 세상에 살지만 오염이 안 돼야 합니다. 그걸 표현한 것이지요." 연을 그린 스님의 말이다.

얼른 수긍이 가지 않는다. 그림에는 연꽃만 있지 않다. 거무

접접한 물속을 헤엄치는 물고기도 있다. 또 목을 길게 뽑아 올려 준수하게 생긴 연잎 하나, 옆에는 비슷한 높이로 올라와 비스듬히 무게를 가눈 연한 연밥 한 톨. 6월을 담았을까. 연잎이건 연밥이건 둘 다 펑펑 쏟아 낼 듯 초록이 싱그럽다. 연밥 위에 오도카니 물새 한 마리 앉았다. 날렵한 몸에 부리가 새빨간 녀석이다.

아뿔싸, 새란 녀석 연못 위에 뜬 빨간 물고기를 노려보고 있지 않나. 딱 한 마리. 겁 없이 떠다니는 저것, 새의 먹잇감이다. '깨달음'의 풍경에 연잎과 연밥이면 됐지, 그도 청개구리면 모를까 그림의 설계에 웬 물새의 내습인가. 먹고 먹히는, 부러 설정된 관계인가. 분명한 사실은 녀석이 물고기를 노리고 있다는 것. 녀석은 포식자다. 일촉즉발, 눈 깜빡할 사이에 낚아챌지도 모른다.

여기까지다. 화가는 짓궂게 그림의 상황을 다음으로까지 끌고 가며 상세화하지 않았다. 어떤 화의畵意인지 물고기를 향해 새의 시선이 살같이 달려가 꽂힌 데까지만 갔다. 긴장감이 고조에 달했다.

절집 연못일 텐데, 설령 잡아먹는 장면을 그렸다면 잔인할 뻔했다. 살생殺生으로 연못의 평화가 순식간에 깨어질 것 아닌가. 그래서일까. 화가는 지척의 둘 사이를 사정권에서 떨어져 있게 적당히 떼어 놓았다. 새가 포획하려 몸을 날리는 찰나, 잽싸게 물속으로 숨을 수 있는 시간과 거리의 상관관계를 계산에 넣은 것인지 모른다. 아마 그랬을 것이다.

그래도 잡아먹을까, 잡아먹힐까. 안전망이 없으니 컨트롤 타워도, 골든타임도 없다. 느닷없이 잡아먹힐 것이라는 쪽으로 기울며 더욱 팽팽한 위기감이 흐른다. 연은 연의 자리에 틀고 앉았고, 물고기는 물고기의 자리를 헤엄치는데, 새는 새의 자리에 앉아 먹잇감을 노려보고 있는 불안정한 구도 속, 지속되는 시간의 흐름의 의미는 무얼까.

용사혼잡龍蛇混雜. 세상에는 용도 있고 뱀도 있는 법이다. 하나만 혹은 혼자서 존재하도록 구조적으로 단순치 않은 게 세상이다. 실상 그대로 세상은 혼잡하다. 그러니까 부처와 중생이 공존하지 않나. 그게 세상이다. 우주다. 경계를 지우기 위해 삽짝 하나 낮은 바자울로 얼굴을 맞대고 있으니 한 세계다. 거기에는 성聖과 속俗이 있다. 극락과 사바가 본래 둘이 아닌 하나다.

문득 고려청자의 청색을 떠올린다. 현묘한 비색翡色은 본래의 빛으로 고려청자가 있게 한 자리에 앉아 오롯하다. 색으로 스며들 자리에 푸르게 물들어 눈 시리니 청자다. 무엇을 상징한 것일까. 하늘빛이다. 극락이다. 고려청자를 들여다보면, 국화도 없고, 돌멩이도 없다. 들짐승도 없다. 바로 그것이다. 세속이라면 그것들이 있을 게 아닌가. 왜 그럴까. 그야 청색이 하늘―극락이라 그런 것이다.

황폐한 땅에는 대신 구름이 있고 학이 산다. 그래서 운학雲鶴이다. 구름은 높고 먼 허공을 흐른다. 옛사람들은 학이 하늘을 가장 멀리 날아가는 새라 여겼다. 청잣빛은 극락인데, 그곳에 갈 수 있는 게 구름과 학뿐이었다. 피안은 경험하지 못한 곳으로 아득히 먼 서편 꽃밭이다. 고려청자가 무얼 그리고 있나. '불국토佛國土'다. 그 시대는 나라가 온통 불교문화였다.

내 자리는 어디였으며, 지금 나는 어느 자리에 있나. 몸담았던 교직은 한정된 공간이었다. 그럼에도 평생 앞만 보고 질주해 온 자리, 정년으로 내려놓았다. 이제는 글 몇 줄 쓰는 자리가, 내게 주어진 선택의 마지막 자리다.

이곳서 나는 고려청자의 청색을 원치 않는다. 내 자리에는 국화가 없다. 구름도 학도 없다. 메마른 땅, 차안此岸에는 돌멩이만 나뒹굴고 먼지만 풀풀 날릴 뿐이다. 상상 속의 그림과는 다르다. 내게 주어진 공간은 붕 떠 있지도 않다. 엄연한, 현세의 자리다. 그게 내 뜻대로 되는 것이 아니니 주어진 대로 거둘 뿐이다.

성파 스님의 연 그림에 나오는 물고기를 노리는 물새가 언제든 내게 뛰어들지 말란 법이 없다. 하지만 어디서 나온 뒷심인지, 늙어 가는 사람 흔들어 혼쭐낼 그런 따위의 곤궁은 없으리라는 막연한 믿음이 내게 있다. 마음의 일, 모두 마음먹으면 하고자 한 대로 되는 일이다. 인간사 그러려니 한다.

종당에 내 엉덩이 하나 디밀 자리면 되겠다.

봉희 보살님

고 어린것이 경증을 심히 앓았다.

돌이 채 되기 전부터 팔딱팔딱 놀라는 게 갈수록 심했다. 울다 시도 때도 없이 까무러치는 아이. 한약을 달여 먹이고 용하다는 한의사의 침술에 매달렸지만 시원치 않았다. 보기에 섬뜩한 장침을 배에다 꽂아도 이 악물며 참아 내는 아이를 차마 눈 뜨고 보지 못할 지경이었다. 가여웠다. 눈이 초롱초롱한 아이에게 이 웬 형벌인가.

아이를 구완하려 애쓰는 아내가 여간 안쓰럽지 않았다. 나야 출근하니 잠시 집에서 떠나 있곤 했지만, 아내는 그 아일 업어 들추다 가슴에 품어 한숨과 눈물로 보냈다.

낯선 어른이 집을 드나든 낌새가 있던 게 아이 다섯 살일 때였나. 내가 집을 비운 낮 시간에 소리 없이 와 아이를 무릎에

뉘고 신불에게 비는 걸 눈치챘다. 무당이 발붙일 자리를 내주지 않던 나를 의식한 아내가 숨죽이며 어른을 맞이했을 것이다. 변두리에서 먼 길을 한걸음에 달려와 아이 머리맡에서 빌고 또 빌었다는 어른.

한참 뒤 아내의 실토로 시종을 알게 됐다. 봉희님, 모습도 수더분했지만 이름도 친숙했다.

병원을 찾았지만 병을 짚어 내지 못했다. 어린 게 자주 까무러치자 잘못될까 봐 더럭 겁이 났다. 기적을 붙들려는 아내다. 난들 그 앞에 닫았던 마음을 열지 않을 수 없었다.

얼마 뒤다. 고 어린 게 경을 외운다는 소리에 깜짝 놀랐다. 경권을 읽기 전에 외는 게송偈頌이었다. 보살님이 향을 피우고 합장해 독경하는데, 아이가 경을 따라 외운다는 게 아닌가. '무상심심 미묘법 백천만겁 난조우 아금문견 득수지 원해여래 진실의 無上甚深 微妙法 百千萬劫 難遭遇 我今聞見 得受持 願解如來 眞實義…. (더없이 깊고 오묘한 법은 백천만 겁에도 만나기 어렵도다. 나 이제 보고 듣고 지닐 수 있으니, 원컨대 여래의 진실한 뜻을 알고자 하나이다).'

나는 와락 아이를 끌어안았다. 볼에 입 맞추며 쿵쾅대는 내 심장의 고동을 들려주고 싶었다. 오래지 않아 내게 신앙의 문이 열렸다.

그러니까 어른은 무당이 아니었다. 산을 넘어 오가며 서귀포 큰스님에게서 전수 받은 법화경을 보따리에 싸들고 와 산북에 끌려 놓은 장본인이었다. 오랜 수행에 얼굴이 맑고 밝았다.

보살님의 내왕이 편해지면서 놀라운 일이 일어났다. 아이에게서 경증이 걷힌 것이다. 몹쓸 병에서 어떤 손이 아이를 건졌을까. 영묘하고 신통했다.

우리 내외가 절에 열중하게 됐다. 때마침 절이 중창 불사를 하므로 무심히 일백만 원을 시주했다. 삼십 년이 더 된 일로 그때로 하면 거액이었다. 아깝지 않았다. 무슨 잇속을 차리려 했겠는가. 절망적이던 아이를 구완해 준 봉희 보살님의 영검에 끌렸다. 정재淨財란 이런 것이라 여겼다.

그 후로 보살님은 더욱 우리 가까이에 있었다. 우리도 곁으로 다가갔다. 아내에겐 맏언니, 내겐 큰누님 같았다. 보살님에 끌려 절에도 더욱 열심했다.

내 신상에 큰 변화가 왔다. 사립학교에서 법인과의 불화로 교직을 그만두면서 서울에 있는 학원으로 자리를 옮기게 됐다.

솔가해 제주를 떠나던 날, 산문으로 봉희 보살님을 찾아뵀다. 절 문 밖까지 나오며 한마디 했다. "선생님, 고향을 떠나지만 멀지 않아 돌아오게 됩니다." 잔잔한 얼굴에 미소가 퍼져 있었다. 고개 숙인 채 돌아섰다. '멀지 않아 돌아온다고?' 그게 무슨 말씀인가 했다.

한참 걸어 나오다 뒤돌아보는데, 보살님이 그대로 절 밖에서 있다. 손 한번 들어 보이지 않고 웃고만 계셨다. 갑자기 목이 말랐다. 웅숭깊은 우물에서 갓 퍼 올린 두레박이 옆에 있었으면 얼굴을 파묻고 벌컥벌컥 들이켰을 것이다.

수행을 쌓으면 보이는가. 말씀이 적중했다. 다시 오지 않으리라 독한 마음먹고 등졌던 고향인데 돌아왔다. 채 삼 년을 채우지 않은 환향이었다.

그새 세월이 많이 흘렀다. 반세기가 목전이다. 그때의 내 아이, 그 뒤로 한 번도 경증 같은 걸 한 적이 없다. 혹시나 했지만 말끔히 사그라졌다. 어른으로 장성해 마흔아홉 살, 의사가 됐다. 소아청소년과 전문의다. 아잇적 그 끔찍한 기억의 끄트머리가 아직까지 남아 있거나 지워졌더라도 이미 체화됐을지도 모른다. 그래서 인술仁術을 베푸는 걸까. 아들 의원이 아이들로 북적댄다.

인연의 어른, 봉희 보살님이 적멸에 드신 지 오래됐다. 오늘, 겨울비 추적이고 바람 거센 날, 보살님이 그립다.

어머니는 문맹이었다

어머니는 낫 놓고 기역자도 몰랐다.

1950년대 여섯 살 손위 누님이 흙 묻은 손 씻어 가며 동네 야학에 다니던 시절, 어머니는 그마저 놓치고 만 어둠의 세대였다. 글을 배운 적이 없으니 글을 알 턱이 없다. 그때 말로 언문은 말할 것 없고 숫자 1, 2, 3, 4도 몰랐다.

그래도 손으로 써 본 적 없는 그 수를 눈으로 읽기는 했을 것이다. 어림짐작인지, 눈대중인지 수를 보고 재빨리 셈을 맞췄다. 한자를 알 턱이 없었지만, 아는 유일한 글자가 딱 하나 있었다. 바를 '正'자다. 툇마루 흙벽에다 당신 손으로 그 다섯 획을 그었다. 아니다. 그림으로 그렸다. 쌀 몇 말, 몇 되 남과의 거래 관계를 표시해 놓았을, 기억의 보조 장치였을 것이다.

한 번 그리면 지워지지 않고 그냥 있던 글자, 마른 나뭇가지

끝으로 긁어 놓은 비뚤비뚤한 모양이 어머니 얼굴 위로 어른거린다.

어머니는 궁핍 속에서 나를 키웠다. 긴 겨울, 하루해가 짧으니 점심을 때운다고 삶은 고구마 두어 개로 배를 속일 때, 내겐 큰 걸 쥐어 주고 당신은 손가락만 한 걸 입으로 가져가던 어머니.

해마다 잊지 않고 내 생일을 챙겨 주었다. 서속밥 안친 솥에다 시울 헤벌어지고 굽 얕은 양은그릇에 산도 쌀 두어 줌 넣어 익히던 반지기 생일 밥. 다른 것은 기억에 없는데 그 밥, 솥에서 들어내 김 모락모락 나던 그 밥그릇의 누런 빛깔까지 눈에 선하다.

어머니는 '제발 내 아들 농부는 면해라.' 빌고 또 빌었다. 더는 바라지 않았다. 손에 흙 묻히지 않을 면역소 서기나 초등학교 선생이 되기를 바랐다.

사범학교 입학시험에 합격하자 동네방네 자랑하며, 당신 얼굴에 퍼지던 함박웃음이 생각난다. 그때 돈-입학금 삼만 환이 없어 눈앞이 캄캄했는데, 내 운명이 바뀌었을 그 돈을 어머니는 어떤 수로 마련했을까. 눈치챘다. 마을 부잣집에 품을 팔기로 했던 낌새를 알 만큼 나는 머리가 커 있었다.

돈을 구한다고 허구한 날 발이 닳도록 나다니던 행보, 어머니의 숨 가쁜 걸음걸음이 나를 선생으로 키웠다.

약관의 일이었다. 당신 뜻대로 나는 섬마을 선생이 됐다. 더 나아갔다. 어머니 뜻에 한 켜 더 올려놓자고 버둥대며 고등학교 선생으로 변신했다. 그걸 딴에는 내 신분의 수직상승이라 여겼다.

내 앞에는 끌어 주는 품이 있었고, 뒤에서 밀어 주는 손이 있었다. 어머니였다. 어머니의 거룩한 품이고 손이었다. 어머니 품은 아늑했고, 당신의 손은 시종 억세고 강건했다.

나는 어머니 품과 손에서 한없는 감흥을 느꼈다. 시나브로 너울을 일으키며 다가온 정서의 파장이 내 안에 글로 표현하는 꿈을 움 틔웠다. 마침내 시인 작가가 됐다. 나를 선생이 되게 한 분이 어머니이고, 시인 작가가 되게 한 분도 어머니였다.

어머니는 나를 낳고 길러 주기만 한 것이 아니라, 나를 쓸모 있는 사람으로 키웠다. 또 남에게 피해는 주지 말라고, 이왕이면 내게도 남에게도 이익 되게 행하라 가르쳤다. 훈육에 엄격한 스승이었다. 성품이 대나무처럼 곧아 매사 분명하고 엄중했던 어른이었다.

그 가난에도 놓지 않던 당신의 맑은 웃음, 웃음 속에 녹아 있던 적은 말수가 나를 큰 인물은 아니나, 보통의 사람으로 만들어 놓았다.

어머니는 문맹이었다. 글 모르는 어머니, 어머니의 문맹이 나를 키워 한 인간으로 깨어나게 했다.

글을 몰랐지만 어머니는 내 인생의 멘토다. 세종대왕, 이순신, 신사임당, 김구 선생, 도산 안창호보다 단연코 어머니가 더 위대한 내 인생의 멘토였다.

어머니는 글자를 한 자도 몰랐다. 하지만 내게 글눈을 띄워 준 스승이었다. 내 인생의 멘토!

숲 있던 자리에

'성북동 메마른 골짜기에는/ 조용히 앉아 콩알 하나 찍어 먹을/ 널찍한 마당은커녕 가는 데마다/ 채석장 포성이 메아리쳐서/ 피난하듯 지붕에 올라앉아/ 아침 구공탄 굴뚝 연기에서 향수를 느끼다가/ 산 1번지 채석장에 도루 가서/ 금방 따낸 돌 온기에 입을 닦는다.'

김광섭의 시 〈성북동 비둘기〉를 떠올린다.

성북동에 건축물을 올리기 위해 자연을 훼손하면서, 그곳에 살던 주민들이 다른 곳으로 옮아가야 했던 산업화 시대의 현장을 사무치게 빗댔다. '비둘기'는 시인의 메타포로 어느 날 갑자기 둥지를 잃어버린 도시 주민들이다.

별안간의 연상이 아니다. 지금, 비슷한 일을 눈과 귀로 직접 겪고 있다.

우리 집 울타리 너머 대규모 건축이 한창 진행 중이라 난장판이 벌어졌다. 지난가을부터 지금까지 반년을 소음 속에 귀를 틀어막아 사는 형편이다. 큰 주택단지 빌라가 들어설 것이라는데, 돌아가는 모양새가 공기工期를 오래 끌 터라 공사가 여름으로 이어질지 오만 신경이 쓰인다. 굉음과 먼지 통에 문을 열 수가 없다.

딱딱 찰그락착 딱딱 찰그락착. 요즘 건축엔 쇠붙이가 많이 들어가는지 철재 내던지는 소리, 저들끼리 부딪는 소리를 종일 듣고 있자니 여간 고통스럽지 않다. 이야말로 인내를 시험하는 일이다. 안전수칙으로 내건 '던지지 말고, 떨어뜨리지 말자'고 한 현수막이 바람에 펄럭이지만 건성이다.

동네 스무 가구 중에 건축 현장을 끼고 있으니 이도 내 신수인가. 그쪽에다 대고 볼멘소리를 해 본들 씨가 먹힐 일인가. 제 땅 갖고 집 짓는데 이웃이라고 거세게 목소리를 내는 것도 그렇거니와, 용기를 내 봤자 무모한 일일밖에 없으니 속께나 끓이게 생겼다.

이제 어지간히 견딜 만한데. 한두 달 뒤 더위가 기승을 부릴 때가 문제다. 무턱대고 무더위 속으로 굉음과 먼지가 몰려들 게 아닌가. 점령군처럼 위세를 떨치며 문턱을 넘어 쳐들어올 것이다. 무모하게, 대놓고 저항할 일도 아니라 더욱 신경이 곤두서 심기가 사납다.

하지만 참아 내는 수밖에 없는 시한부의 일, 그보다 무엇에 견줄 바 아닌 것을 잃었다. 남쪽 울타리 너머 작은 숲이 삽시에 사라지고 말았다. 잡목이 어우러진 덤불숲이었지만 나무와 풀이 무성했다. 집 짓고 오면서 사반세기를 한 울 밖에 끼고 있던 숲이었다.

갖가지 이름 모를 들꽃들의 천연전시장, 먼 산을 내려 만만하게 둥지를 틀던 멧새들의 작은 천국. 찔레꽃 향기 코끝을 스치는 달밤이면 벌렁 풀밭에 들어앉아 함께 나이 먹어 가는 누이를 부르던 곳이었다.

닭의장풀이 여기저기 사파이어 빛 꽃을 피우는 오월이면, 꿩이 날아와 울담 따라 줄레줄레 기어 다니곤 했던 산을 내린 자연의 끝자락. 끄르륵 끄르륵 이른 아침 이슬을 차고 내린 산비둘기도 나뭇가지에 와 울었지. 사흘이 멀다고 찾아와, 배가 허한지 공허한 울음이었어. 짝을 잃었는지 늘 저 혼자였지. 몹시 궁했던 것 같아. 텃밭 방석만 한 넓이에 검은콩을 심었더니, 그걸 파헤친 게 녀석들 짓이었으니까. 하지만 왠지 밉지 않았어.

불과 몇 달 전에 숲이었는데, 순식간에 숲이 없어지고 숲이 있던 자리에 빌딩이 들어서고 있다.

숲의 일실은 순식간의 일이었다. 굴착기가 들어와 휘젓고 다니며 높던 곳을 깎고 파인 데를 메웠다. 잡목이며 들풀들, 수많은 푸른 생명들이 흙속에 매몰되는 데 걸린 시간은 고작 사나흘이었다. 자연 한 귀퉁이가 훼손된 자락을 장악한 것은 인간의 전매특허 문명이었다. 몇 층 높이로 성큼 들어와 앉는 시멘트 구조물….

아침에 마당에 나섰다 울 너머 눈을 준다. 아침 햇살에 붉게 물들던 잡목들의 건강한 줄기가 사라지고 없다. 흐린 햇살에도 반들거리던 이파리들이 단 하나 눈에 띄지 않는다.

생명은 재생하는 것, 산불에 타들었던 자리엔 나무와 풀이 돋아나 부활한다. 하지만 울 너머 숲은 살아나지 않는다. 문명이 밀고 들어선 자리에 자연은 없다.

옛날의 성북동 비둘기는 '산 1번지 채석장에 도루 가서 금방 따낸 돌 온기에 입을 닦았지만', 우리 동네에 오던 산비둘기는 오지 않을 것이다. 숲이 있던 자리에 큰 건물이 들어서는 걸 미물인들 왜 모를까. 나무와 풀이 없으니 오지 않을 것이다.

모른다. 행여 건축이 완성되고 나면 올까. 오던 곳이라 지워진 길 따라 한 번쯤 올지도 모른다. 향수에 겨워 무심코 올지도 모른다. 하지만 왔다 동네 하늘 한 바퀴 돌다 날아가리라. 숲이 있던 자리에 숲이 없으니 그냥 날아가리라.

그래도 우리 집 작은 정원으로 오던 새 올까. 건축이 끝날 올가을쯤 목 길게 빼고 눈 빠지게 기다릴 참이다. 까치, 직박구리, 동박새, 휘파람새 또 날갯죽지 끄트머리에 흰 반점이 있던 그 새.

이음매

달력을 보다, 춘기에 혼곤한 의식이 눈을 비비며 중얼거린다.

'이런, 나흘 후면 춘분이네.'

보름 전이 경칩이더니 벌써 귓전으로 스미는, 앞산 눈 슬어 내리는 물소리. 겨울을 물려 놓고 봄을 불러 앉히는 소리다. 목청 내어지르지 않고 나긋이 사분대니 아직은 대금 중모리 산조다. 산을 내려 골짝을 나와 벌판을 질러 긴 흐름의 이어짐, 소리의 화성변주가 천연덕스럽다.

별안간 허공으로 악보 하나 펄럭이며 내걸린다. 계속되는 음과 음 사이를 끊지 말고 원활히 연주하라는 초승달 모양으로 마주한 두 개의 레가토legato. 머릿속이 민감하게 반응한다. '그건 음과 음 사이의 흐름이 끊기되 끊어지는 것을 느끼지 않게 연주하라는, 작곡과 연주 사이 암묵적 약속의 기호이지.'

강약의 정도가 센 레가티시모 주법奏法에도 불구하고 극단적으로 가는 것을 거부해 음을 조율하며 부드럽게 이어 간다. 단순한 것이 아닌, 전후 음의 연결에 행여 흠이 파일세라 맘졸이며 완벽을 추구하려는 세련된 음의 표현 양식이다. 앞 음이, 그것이 계속되는 음과 순간적으로 동시에 연주되는 듯한 인상을 주는 효과는 듣는 이에게 사그마치 전율이다.

음이 완전히 절단되는 스타카토와는 대립하되, 그것을 배척하지 않는 묘리妙理. 음을 잇되 끊지는 않는, 끊되 이어 가는, 서로를 끌어안으려 보듬는 상호보완의 따스한 관계. 오히려 스타카토를 돕는 오묘한 비의秘意의 통로를 끊임없이 열어 주는 운명으로 레가토의 역할은 한 범위 안에서 절묘하다.

마법 같다. 사람의 영역을 벗어난 천상의 소리다. 나는 슬며시 통속에서 벗어나 어느새 환상 속에 서 있다. 절망의 절망을 소리로 얻어 낸, 희망의 절대적 미학으로 이내 빠져든다.

악보를 펼 양이면, 높이가 다른 자리인 두 음표를 서로 이어 주는 기호 슬러slur가 속삭이듯, 그러나 정중히 명령하며 일어나는 선명한 목소리다. "악인樂人이여, 두 음을 끊지 말고 부드럽게 이어 연주하시오."

생명의 탄생은 신의 영역인가. 신비다. 남녀의 만남은 숙명이면서 원초적 본능이다. 사랑에 눈 떠 연인으로 교감하면서 불같이 타올라 아이라는 생명을 회잉懷孕하고, 탯줄을 끊는다. 천지개벽으로 몇 겁 만에 뜨겁게 화해하는 사랑의 자락 이음매, 놀라운 레가토의 얼개다.

오월이면 계절의 여왕으로 군림하려 뜨락을 가득 채우는 꽃들. 기화요초가 화려한 대관을 꿈꾸며 사람을 뇌쇄시킨다. 꽃에 홀려 한걸음에 달려와 다디 단 본능을 즐기는 벌들. 꽃의 유혹에 붕붕거리며 날아든 그들은 기어이 꽃과 합환한다. 꽃 속의 가장 내밀한 곳을 뒤져 꿀을 섭렵하고, 농익어 탱탱한 결과結果를 나무에 언약한다. 서로 간 수수授受되는 밀약은 황홀하다.

사람들은 이즈음, 질서에 목마르다. 혼자만 가지려는 탐심 탓이려니 인과응보다. 바람결이듯 물소리이듯 꽃이 열매에 이르는 이음매의 불립문자-레가토의 고운 민낯!

이음매의 실체, 무한한 범주를 넘실대며 역동적으로 흐르는 광활한 바다. 어느 예인의 연주인가. 소리 지르며 숨 고르다, 세게 약하게 높게 낮게 밀리고 밀리다 찢기며 바위에 닿아 흩어지는 물결의 장엄한 레가토.

열일곱 소년 시절, 얼굴에 여드름이 우후죽순처럼 돋아났었다. 그때 은어로 청춘다이아몬드라던 뾰루지 아닌 젊음의 심벌마크. 하지만 거울에 비친 그것들이 볼썽사나워 가만두질 않았다. 손으로 눌러 쥐어짜는 바람에 덧나고 흉터가 생겨 안면이 비포장 도로처럼 우둘투둘했다.

요즘에는 시술의 손이 젊은 낯을 어루만진다. 환부에 약물을 깊숙이 침투해 피부 재생 효과를 나타내는 신개념 치료법을 쓴다. 여드름뿐 아니라 모공, 튼 살, 탄력에 개선 효과를 얻어

낸다니 놀랍다. 의술이 감성을 얹어, 연주의 레가토에 접목한 기법인가.

파인 듯 메우고 거추장스러운 듯 미끈하게 건사하는 피부 관리가 음악에서 나온 것이라면, 그것은 이미 기예의 영역이다. 조그맣던 것이 확산과 결집으로 엮이고 섞이는, 융·복합의 시대정신이 눈부시게 휘황하다.

인근에 사는 수필가 Y가 쪽파를 갖고 와 뜨락에다 부려 놓는다. 감귤 운반용 컨테이너로 한가득 분량이다. 너른 텃밭에 갖가지 채소류를 가꾼단 말을 들은 적이 있었다. 덥석 받아 웃으며 눈 맞추더니 떠나는 '늙은 경운기'를 향해 손을 흔든다. 열아홉에 사들여 마흔 해째 부린다는 농기계가 딸딸거리며 가쁜 숨을 몰아쉬느라 할딱거린다. 말 모르는 것과 동고동락하며 어느덧 환갑이라는 그의 글이 생각난다. 주객일체이러니, 그 내력에 가슴 뜨끔하다.

고샅을 벗어나며 경운기 소리가 잦아들어 악음樂音으로 들린다. 그와 나 사이, 시간의 강물을 지나며 끊이지 않고 먼 이음매로 흐르라는 레가토다.

그를 만나면 늙은 경운기가 떠오를 테고, 그것은 그와 나 사이를 오래 수런대며 흐를 것이다. 나직이, 둘 사이를 끊지 않고 흐를 레가토의 이음매!

작은 공간

아파트, 연립, 단독주택. 사방이 크고 작은 집들로 들어서 빈 데가 없다. 한 쪼가리 땅만 있으면 집을 올린다. 호황을 탄 건축 붐이다.

그래도 북적거리는 도시는 주택난이다. 몸 하나 뉠 한 칸 집이 없어 찬 하늘 아래 한숨짓는 사람들이 적지 않은 세상이다.

도시를 벗어날 수 없어 갇혔겠지만, 변변한 주거 공간이 없는 도시 서민들 얼굴엔 시름에 골이 깊다. 옥탑방이니 쪽방이니 하는, 몸을 옴츠려 다리도 펴지 못하는 주거 공간이 지금도 실재한다. 그런 형편에 라면 하나를 쪼개 먹으며 하루를 이어가는 도시 서민들의 비애, 그런 이들이 한쪽에 내몰린 채 외딴 지층처럼 도시의 하늘 아래 있다. 엄연한 현실이다.

소말리아라든가, 기아에 허덕이는 가난한 나라의 빈민을 돕는다고 탤런트들이 먼 곳에 가 그곳 아이들을 품고 눈물짓는 장면을 보며 언뜻 '이건 아니라'는 생각이 들곤 한다. 그곳은 세계에서 최빈국이라, 굶주림에 할딱이는 아이들을 도와서 안 된다는 건 아니다. '한 달 3만 원이면 29명의 아이가…' 후원을 권유하는 목소리 위로 퍼뜩 포개지는 우리의 현실이 있다. 소주 한 잔 값에 미치지 않는 돈이지만 그곳선 한몫을 할 것이다. 그래도 떼어낼 수 없는 우리의 현실, 우리나라에도 참혹한 처지에 사는 사람들이 의외로 많다.

내가 사는 읍내는 주민들의 빈부 차가 도시만큼 우심하지는 않다. 기초생활수급자인들 왜 없을까만 허름한 집에 살되 굶지는 않는다. 감귤을 따는 겨울 한철만 해도 일당이 자그마치 6만 원이다. 서너 달을 하루도 쉬지 않고 일에 매달리는 부지런한 사람들을 보면 흐뭇하다. 어둑새벽 과수원으로 실어 나르는 차량을 기다리느라 길에 나앉는 그들. 사람은 어떻게든 입에 풀칠은 하게 돼 있다. 도시에서 쪼들리는 사람들에 비하면 그나마 살기 좋은 곳이 시골이라는 생각이다.

한 울타리 너머 이웃집에 주인이 바뀌더니, 마흔 살 젊은이가 들어와 산다. 건설회사에 전기공으로 근무한다는 그가 기특한 생각을 하고 있었다. 이층을 올려 서울에 살고 있는 노부모를 모시겠단다. 제주가 살기 좋다는 걸 셈에 두고 먼저 내려와 때를 기다린 것으로 보인다. 낯선 곳에 정착해 두세 해째, 위층을 올린다고 요즘 매운 눈바람에도 건축 일이 한창이다.

효도 한번 제대로 한다는 생각이 든다. 참 건실한 젊은이다.

내가 집을 지어 이곳 읍내로 내려온 것은 잘한 일이다. 취락구조개선 사업의 일환으로 조성된 조그만 동네에 한 축 끼고 들어와 살고 있다. 타향도 정이 들면 고향이라고 여럿이 이웃 짓고 살면 금세 임의롭다. 예로부터 집 좁아 잔치 못하지 않는다 했다. 스물예닐곱 평짜리 작은 공간이지만, 그게 전체로 전용 면적이라 발 죽 뻗고 지낼 만하다.

딸린 마당과 작은 정원이 있으니 웬만한 도시 집에 견줄 바 아니다. 나무 심어 키우고 꽃 가꾸는 재미가 쏠쏠하다. 어느새 스물일곱 해째다. 집도 사람의 일이라 자신의 기준에 맞추면 된다. 작은 공간이지만, 넘치지 않되 모자라지도 않다.

나무들이 작은 숲을 이뤘으니 새들이 둥지를 튼다. 지난해에는 대문간에 수문장처럼 서 있는 단풍나무에 한 녀석이 집을 짓고 새끼를 쳤던 모양이다. 문간을 들락거리면서도 낌새를 눈치 채지 못했다. 영리한 녀석이다. 늦가을 나무가 잎을 내려놓아 발가벗은 뒤, 빈 가지에 앉혀 있는 둥지를 보고서야 알았다.

아이 주먹 크기의 작은 둥지다. 새 집이라 하나 이렇게 작은 놈은 처음 본다. 비닐, 나뭇조각, 헌 천 쪼가리, 마른 풀줄기 따위 자지레한 자재들을 물어다 두르고 자아 탄탄히도 엮었다. 삼각 구도의 나뭇가지에 얹어 놓으니, 큰 비바람에도 흔들리지 않았을 것이다. 탁월한 건축술이다.

미물이라 하나 새는 영특하다. 그들은 번식을 위해 둥지를 튼다. 알을 품는 데 무슨 큰 공간이 필요할까. 암탉이 스무하루 뜨겁게 달걀을 품 듯, 어느 새도 저 작은 공간을 체온으로 지펴 가며 탄생의 신화를 썼을 테다. 새가 떠나 버린 빈 둥지에 하늬바람이 스치고 지난다. 작은 공간이라 더 옹골찬지 끄떡도 않는다.

사람들은 한평생 제각기 주어진 환경에서 다양한 모습으로 살아간다. 수십 개의 방과 풀장까지 갖춘 몇 백 평짜리 저택에서 사는 사람이 있는가 하면, 십 평도 안 되는 작은 공간에서 비바람에 부대끼며 사는 사람도 있다. 한 칸 집이 없어 한데서 눈을 붙이는 이들도 있다. 공평하지 못한 세상이다.

하지만 생각에 따라선 인생이란 별 것 아니다. 이곳서 평생을 누리고 나서 가는 최후의 임지는 만인이 평등하다. 숨 막힐 것 같은 땅속 작은 공간에 누워 영면에 든다. 납골당이니 평장이니 하고 있어, 더 작은 공간에 갇힌다. 백세 시대를 구가하다 종당에 돌아갈 곳이다.

무얼 지니고 갈 것인가. 다 내려놓고, 다 버리고 가야 한다. 끝까지 호화 분묘를 말하나 다 부질없는 노릇, 최후엔 너나없이 아주 작은 공간에 누인다. 이 일만은 선택의 여지가 없다.

어떻게 살아왔든, 설령 치부한다고 혈안이 돼 살아왔더라도 지닌 것 털어 선심이라도 쓰고 돌아갈 일이다.

【연보】

〈학 · 경력〉

1942년 제주도 북제주군 구좌면 세화리 15번지에서 아버지 金永斗와 어머니 高性竹 사이에서 4남매 중 장남으로 태어나다

1963년 金永順과 결혼하여 장남 卓秀, 차남 承秀 낳음

1961년 제주사범학교 졸업

1963년 문교부 시행 중학교 교원자격검정고시(국어과) 최종합격

1965년 문교부 시행 고등학교 교원자격검정고시(국어과) 최종합격

1961년 이후 초등학교 교사 3년, 고등학교 교사(오현고·제주일고·함덕상고·제주중앙여고·대기고 교사) 재직, 어간 1986년부터 3년간 서울 소재 서울학원·상아탑학원 강사

1999년 제주여상 교감. 제주도교육청 장학담당장학관. 제주동중학교 교장으로 정년퇴임(2005)

〈문단 경력〉

1993년 제주문학 신인상(수필 부문)

1994년 『수필과비평』(1 · 2월호) 신인상 '눈물의 연유'로 등단

1993년 지방지 한라일보 '관탈섬' · 제주일보 '海軟風' · 제민일보 '아침을 열며, 2017년 현재 제주新보 칼럼 '김길웅의 안경 너머 세상'(월4회)집필 중

1994년 제주수필문학회 창립 멤버 초대 사무국장, 회장(2003) 역임

2004년 사회복지법인 춘강 개설 '글을 사랑하는 사람들의 모임' 강의 진행(현)

2005년 월간 시전문지 『心象』 신인상('문이 열리는 소리' 외 3편)
2005년 구좌읍 자치센터 개설 문학 강좌 강사
2005년 『대한문학』 문학평론 신인상('수필비평의 새 관점 정립을 위한 탐색적 접근')
2005년 『대한문학』 편집위원
2005년 『한국문인』 신인상 심사위원(현)
2006년 제주시 참사랑문화의 집 · 우당도서관 수필 창작교실 강의
2007년 수필 동인 '동인脈'창립, 초대 회장 역임
2007년 (현)제주사회복지신문 편집위원
2010년 제주특별자치도 제주어보전육성 위원
2008년 제주문화예술재단 문예진흥기금 심사위원장
2011년 제주시 주관 무연묘합장사업 추도문 작성('고이 잘들어지다')
2012년 제주문인협회 회장
2012년 제주를 소재로 한 번역시집 『시보다 아름다운 제주』 발행
2012년 6 · 25참전 기념비 건립 구조물에 '청사에 길이 빛나리' 헌시
2012년 '들메동인문학회'창립 주관

〈작품집〉

2002년 사찰답사기 『내 마음속의 부처님』 제주문화총서 · 14(경신인쇄)
2008년 시집 『여백』(대한북스)
2004년 수필집 『삶의 뒤안에 내리는 햇살』(정은문화)
2009년 시집 『다시 살아나는 흔적은 아름답다』(대한북스)
2010년 시집 『긍정의 한 줄』(대한북스)
2010년 수필집 『느티나무가 켜는 겨울노래』(대한북스)

2011년 시집 『틈』(대한북스)

2011년 수필집 『떠난 혹은 떠나는 것들 속의 나』(대한북스)

2012년 시집 『허공을 만지며 고등어를 굽다』(대한북스)

2012년 수필집 『검정에서 더는 없다』(대한북스)

2015년 시집 『그때의 비 그때의 바람』(대한북스)

2015년 수필집 『모색暮色 속으로』

2007년 동인脈 동인지 『脈』창간호(2007)부터 제10집(2016) 작품 수록

2007년 『心象』에 특집사 수록

2008년 심상시인회 작품집 『눈 내린 날의 첫 줄』부터 『떠나서 보이는 집』(2014)까지 작품 수록

2004년 『선수필』에 작품 수록(2004 여름 '거리의 할아버지와 손자', 2005 가을 '수목장', 2006 여름 '잎들의 소망', 2012 겨울 '주름', 2014 겨 울 '내 안의 나무 한 그루')

2007년 사회복지법인 춘강 '글을 사랑하는 사람들의 모임' 동인지 『징검다리』 창간호에서 제7집(2014)까지 초대수필 수록

2010년 『계간수필』 2010 겨울호 '이곳에 살 것이다', 2014 여름호 '병목현상', 2017 봄호 '비산飛散'수록

2012년 계간 『수필세계』봄호부터 기행문 '김길웅의 유럽 읽기' 연재(2017 종료)

2012년 제주여류수필문학회 『제주여류수필』제11집 초대수필 '뒷모습'외 1편

2012년 구좌문학회 『동녘에 이는 바람』제7호 초대시 '기억 저편'외 1편

2012년 애월문학회 『涯月文學』제3호 초대시 '담쟁이의 봄'

2012년 들메문학회 동인지 『들메』(창간호 2012, 제2집 2013) 초대수필

2013년 월간 『좋은 수필』에 '제주를 위한 序說'수록

2013년 한국수필가연대 120인 대표 수필집 『마음에 머무는 이야기』(한강)에 수필 '주름'수록

2009년 『청일원의 달빛』(현민식 수필집)부터 『덤 인생의 나날』(김여종의 시집 2014) 포함 시인(2인), 수필가(25인)의 작품 해설

2011년 『대한문학』 계평(시 · 수필), 『한국문인』 월평(수필) 집필

2016년 『심상』(12월호) '이 시인의 공간'선정

2017년 월간『좋은수필』4월호에 '작은 공간'수록

〈저서〉

2004년 『문학작품 속의 어휘 500選』(디딤돌)

2014년 글방강의식 수필작법 『수필이 맨발로 걸어 들어오네』(정은문화)

〈수상〉

1999년 수필과비평상

2003년 대통령 표창(대통령 노무현)

2006년 대한문학 대상(산문 부문)

2011년 한국문인상 본상(시 부문, '긍정의 한 줄')

2012년 제주특별자치도문화상(예술 부문)

〈서훈〉

2005년 황조근정 훈장

현대수필가 100인선 Ⅱ · **43**
김길웅 수필선

구원의 날갯짓

초판 인쇄 2017년 6월 26일
초판 발행 2017년 7월 1일

지은이 김길웅
펴낸이 서정환
펴낸곳 수필과비평사 · 좋은수필사
주소 서울시 종로구 삼일대로 32길 36(운현신화타워 빌딩) 305호
전화 02)3675-5635, 063)275-4000 팩스 063)274-3131
등록 제 300-2013-133호
이메일 sina321@hanmail.net essay321@hanmail.net

ISBN 979-11-5933-089-6 04810
ISBN 979-11-85796-15-4 (전100권)

값 7,000원

이 도서의 국립중앙도서관 출판예정도서목록(CIP)은 서지정보유통지원 시스템 홈페이지(http://seoji.nl.go.kr)와 국가자료공동목록시스템 (http://www.nl.go.kr/kolisnet)에서 이용하실 수 있습니다.(CIP제어 번호: CIP2017014727)